斯维导图

会计专业技术中级资格考试辅导用书·中级会计实务

斯尔教育　组编

斯维导图

電子工業出版社
Publishing House of Electronics Industry
北京·BEIJING

图书在版编目（CIP）数据

中级会计实务 / 斯尔教育组编. -- 北京 : 电子工业出版社, 2025. 3. --（会计专业技术中级资格考试辅导用书）. -- ISBN 978-7-121-49778-0

Ⅰ. F233

中国国家版本馆CIP数据核字第20259LL295号

责任编辑：张春雨
印　　刷：天津鸿景印刷有限公司
装　　订：天津鸿景印刷有限公司
出版发行：电子工业出版社
　　　　　北京市海淀区万寿路173信箱　　　　邮编：100036
开　　本：787×1092　1/16　　印张：6.75　　字数：276千字
版　　次：2025年3月第1版
印　　次：2025年3月第1次印刷
定　　价：34.00元

凡所购买电子工业出版社图书有缺损问题，请向购买书店调换。若书店售缺，请与本社发行部联系，联系及邮购电话：（010）88254888，88258888。

质量投诉请发邮件至zlts@phei.com.cn，盗版侵权举报请发邮件至dbqq@phei.com.cn。

本书咨询联系方式：faq@phei.com.cn。

目录

- (新) 新增内容
- ● 背诵和记忆内容
- ● 关键词句

提示性、拓展性内容

第一章 总论

（考 2 分）

总论

会计职业道德

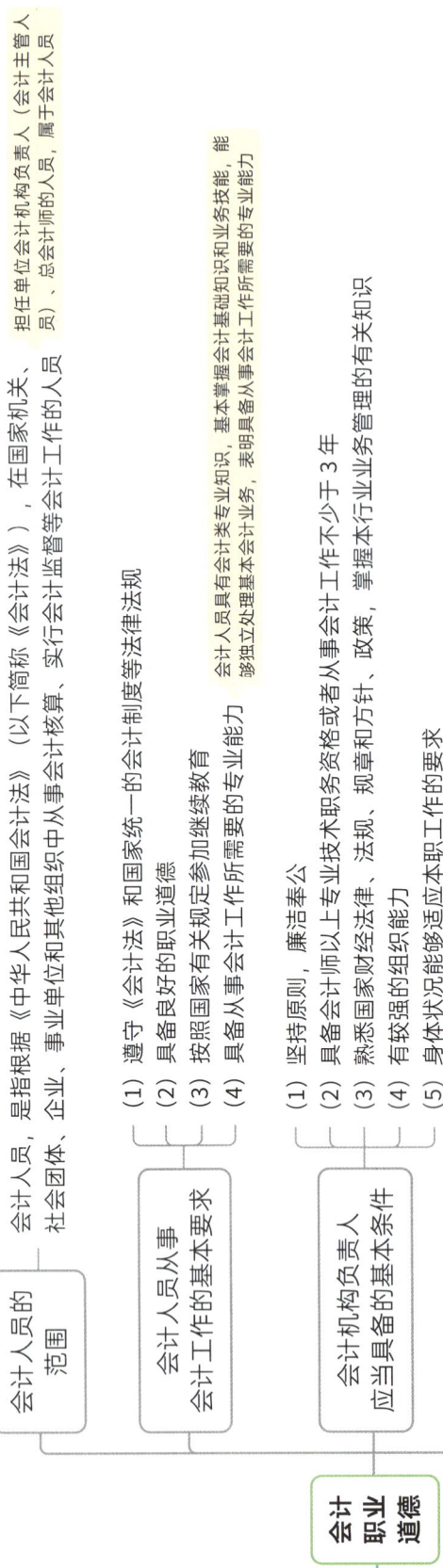

会计人员的范围

会计人员，是指根据《中华人民共和国会计法》（以下简称《会计法》），在国家机关、社会团体、企业、事业单位和其他组织中从事会计核算、实行会计监督等会计工作的人员

担任单位会计机构负责人（会计主管人员）、总会计师的人员，属于会计人员

会计人员从事会计工作的基本要求

（1）遵守《会计法》和国家统一的会计制度等法律法规

（2）具备良好的职业道德

（3）按照国家有关规定参加继续教育

（4）具备从事会计工作所需要的专业能力

会计人员具有会计类专业知识，基本掌握会计基础知识和业务技能，能够独立处理基本会计业务，表明具备从事会计工作所需要的专业能力

会计机构负责人应当具备的基本条件

（1）坚持原则，廉洁奉公

（2）具备会计师以上专业技术职务资格或者从事会计工作不少于 3 年

（3）熟悉国家财经法律、法规、规章和方针、政策，掌握本行业业务管理的有关知识

（4）有较强的组织能力

（5）身体状况能够适应本职工作的要求

会计人员任用（聘用）管理相关规定

（1）单位负责人对本单位的会计工作和会计资料的真实性、完整性负责

（2）因发生与会计职务有关的违法行为被依法追究刑事责任的人员，单位不得任用其从事会计工作

会计人员职业道德规范

核心表述	含义
坚持诚信，守法奉公	要求会计人员牢固树立诚信理念，以诚立身、以信立业，严于律己、心存敬畏；学法知法守法，公私分明、克己奉公，树立良好职业形象，维护会计行业声誉
坚持准则，守责敬业	要求会计人员严格执行准则制度，保证会计信息真实完整；勤勉尽责、爱岗敬业，忠于职守、敢于斗争，自觉抵制会计造假行为，维护国家财经纪律和经济秩序
坚持学习，守正创新	要求会计人员始终秉持专业精神，勤于学习、锐意进取，持续提升会计专业能力；不断适应新形势新要求，与时俱进、开拓创新，努力推动会计事业高质量发展

体系	含义	举例
会计法律	是指由全国人民代表大会及其常务委员会经过一定立法程序制定的有关会计工作的法律，属于会计法律制度中层次最高的法律规范，是制定其他会计法规的依据，也是指导会计工作的最高准则	主要包括《会计法》和《中华人民共和国注册会计师法》

续表

会计法规制度体系

会计法规制度体系的构成

体系	含义	举例
会计行政法规	是指由国务院制定并发布，或者国务院有关部门拟定并经国务院批准发布，调整经济生活中某些方面会计关系的法律规范	主要包括《中华人民共和国总会计师条例》和《企业财务会计报告条例》
会计部门规章	是指由国家主管会计工作的行政部门即财政部以及其他相关部委根据法律和国务院的行政法规、决定、命令，在本部门的权限范围内制定的、调整会计工作中某些方面内容的法律规范，通常以部令的形式公布	主要包括《会计基础工作规范》《企业会计准则——基本准则》《政府会计准则——基本准则》《会计人员管理办法》《会计档案管理办法》《代理记账管理办法》和《会计专业技术人员继续教育规定》
会计规范性文件	除会计行政法规以及部门规章外，由国务院财政部门依照法定权限、程序制定并公开发布，涉及公民、法人和其他组织权利义务，具有普遍约束力，在一定期限内反复适用的公文，通常以财会字文件印发	主要包括企业会计准则制度、政府及非营利组织会计准则制度等

会计核算制度体系

（1）企业会计准则制度

项目	含义
企业会计准则	我国企业会计准则体系主要包括 1 项基本准则、42 项具体准则、16 项企业会计准则解释、10 余项会计处理规定。此外，有效的《企业会计准则——应用指南》也属于企业会计准则体系的有机组成内容
小企业会计准则	我国小企业会计准则主要包括《小企业会计准则》和针对某些特定行业某项或某类业务的会计处理规定
企业会计制度	企业会计制度适用于执行企业会计准则、小企业会计准则的企业以外的其他企业

（2）政府会计准则制度
- ①我国的政府会计标准体系由政府会计基本准则、具体准则及应用指南和政府会计制度等组成
- ②政府会计标准体系适用于政府会计主体

军队、已纳入企业财务管理体系的单位和执行《民间非营利组织会计制度》的社会团体，其会计核算不适用政府会计标准体系

（3）非营利组织会计制度
- ①《民间非营利组织会计制度》
- ②《工会会计制度》

（4）其他会计制度
- ①基金（资金）类会计制度
- ②村集体经济组织和农民专业合作社会计制度

财务报告目标

- 向财务会计报告使用者提供与企业财务状况、经营成果和现金流量等有关的会计信息
- 反映企业管理层受托责任履行情况，有助于财务会计报告使用者作出经济决策

财务会计报告使用者包括投资者、债权人、政府及其有关部门和社会公众等

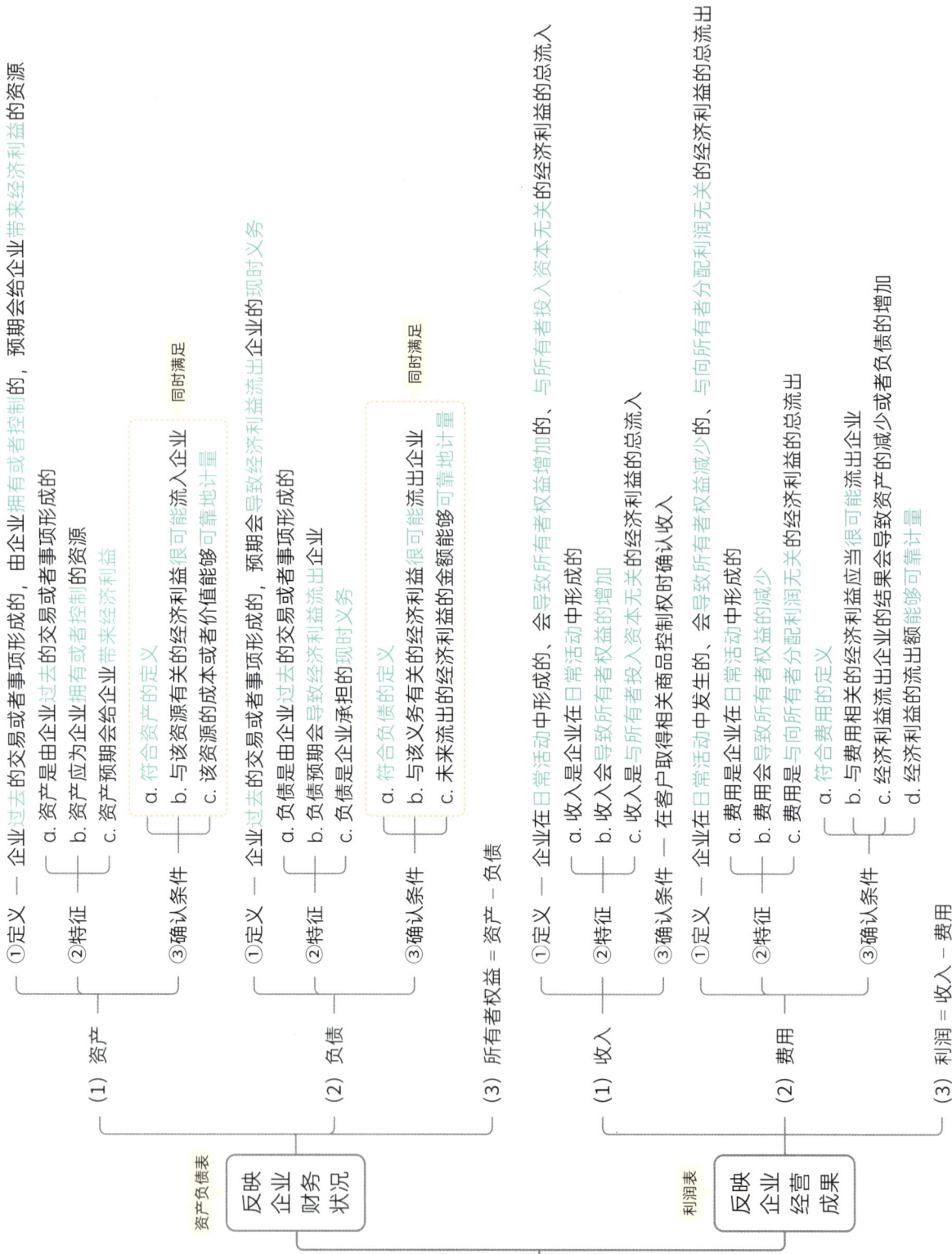

总论

会计要素

- 反映企业财务状况（资产负债表）
  - (1) 资产
    - ①定义 — 企业过去的交易或者事项形成的，由企业拥有或者控制的，预期会给企业带来经济利益的资源
    - ②特征
      - a. 资产是由企业过去的交易或者事项形成的
      - b. 资产应为企业拥有或者控制的资源
      - c. 资产预期会给企业带来经济利益
    - ③确认条件（同时满足）
      - a. 符合资产的定义
      - b. 与该资源有关的经济利益很可能流入企业
      - c. 该资源的成本或者价值能够可靠地计量
  - (2) 负债
    - ①定义 — 企业过去的交易或者事项形成的，预期会导致经济利益流出企业的现时义务
    - ②特征
      - a. 负债是由企业过去的交易或者事项形成的
      - b. 负债预期会导致经济利益流出企业
      - c. 负债是企业承担的现时义务
    - ③确认条件（同时满足）
      - a. 符合负债的定义
      - b. 与该义务有关的经济利益很可能流出企业
      - c. 未来流出的经济利益的金额能够可靠地计量
  - (3) 所有者权益 = 资产 − 负债
- 反映企业经营成果（利润表）
  - (1) 收入
    - ①定义 — 企业在日常活动中形成的、会导致所有者权益增加的、与所有者投入资本无关的经济利益的总流入
    - ②特征
      - a. 收入是企业在日常活动中形成的
      - b. 收入会导致所有者权益的增加
      - c. 收入是与所有者投入资本无关的经济利益的总流入
    - ③确认条件 — 在客户取得相关商品控制权时确认收入
  - (2) 费用
    - ①定义 — 企业在日常活动中发生的、会导致所有者权益减少的、与向所有者分配利润无关的经济利益的总流出
    - ②特征
      - a. 费用是企业在日常活动中形成的
      - b. 费用会导致所有者权益的减少
      - c. 费用是与向所有者分配利润无关的经济利益的总流出
    - ③确认条件
      - a. 符合费用的定义
      - b. 与费用相关的经济利益应当很可能流出企业
      - c. 经济利益流出企业的结果会导致资产的减少或者负债的增加
      - d. 经济利益的流出额能够可靠计量
  - (3) 利润 = 收入 − 费用

会计信息质量要求

要求	关注要点	情形
可靠性	真实可靠、内容完整	—
相关性	与财务报告使用者的经济决策需要相关	—
可理解性	清晰明了、简明扼要	对于重要的复杂会计信息在附注中充分披露
可比性	纵向可比（同一企业不同时期）、横向可比（不同企业同一期间）	会计政策不得随意变更
实质重于形式	以经济实质为依据，而非仅以法律形式为依据	（1）企业销售商品后为确保回款而暂时保留法定所有权，只要客户已取得对该商品的控制权，在满足其他条件时应确认相关收入；（2）企业合并中，如果投资者拥有被投资企业50% 或 50% 以下股份，但其通过协议使其可以主导被投资方相关活动，应视为达成控制
重要性	反映所有重要交易或者事项	—
谨慎性	不高估资产或者收益，也不低估负债或者费用	计提各类资产减值损失、计提预计负债
及时性	不得提前或者延后	上市公司年度财务报告应于次年 4 月 30 日之前对外公布

可持续信息披露（新）

概念
环境（environmental）、社会（social）和治理（governance）

国家可持续信息披露准则体系
（1）基本准则提出可持续信息披露的基本概念、原则、方法、目标和共性要求
（2）具体准则提出具体要求
（3）应用指南主要对基本准则和具体准则进行解释、细化、示例说明，并解决重点难点问题

建设目标：2027 年，出台基本准则、气候相关披露准则及应用指南；2030 年，基本建成国家统一的可持续披露准则体系

可持续信息及其披露目标、要素和报告
（1）概念
- a. 可持续信息披露 — 企业在环境、社会和治理方面的风险、机遇和影响信息
- b. 可持续风险与机遇 — 企业因与价值链、经济、社会、环境的互动，产生的可能影响现金流、融资、资本成本等的风险或机遇
- c. 可持续影响 — 企业活动对经济、社会、环境的实际或潜在影响（正负影响均包括）

（2）目标
- a. 向信息使用者（投资者、债权人、政府、其他利益相关方）提供信息，辅助经济决策、资源配置等
- b. 推动可持续发展，促进人与自然和谐、社会关系构建

基本使用者包括投资者和债权人；其他利益相关方包括员工、消费者、供应商、社可持续信息披露区、业务伙伴等

（3）要素
- a. 治理，企业管理和监督可持续风险的架构、控制措施
- b. 战略，应对可持续风险的规划、策略和方法
- c. 风险和机遇管理，识别、评估、监控可持续风险的流程
- d. 指标和目标，衡量绩效的指标及目标进展（包括法规要求的目标）

（4）报告 — 按照可持续披露准则的要求编制可持续发展报告

可持续信息与财务报表信息的关联性
（1）报告主体，可持续信息披露主体必须与财务报表主体一致
（2）货币计量，以货币计量的可持续信息币种应与财务报表一致
（3）报告期间，可持续信息披露期间应与财务报表期间一致（一般按公历年度披露）
（4）披露时间，可持续发展报告应与财务报表同时披露（监管部门另有规定的除外）

第二章 存货（考4分）

存货

概述

- 概念 — 企业在日常活动中持有以备出售的产成品或商品、处在生产过程中的在产品、在生产过程或提供劳务过程中耗用的材料和物料等
- 范围 — 原材料、产成品（库存商品）、周转材料、发出商品、委托加工物资、在途物资、在产品（生产成本）等
  - 注意：工程物资、受托代销商品不属于企业存货

确认条件

- 与存货有关的经济利益很可能流入企业
- 存货的成本能够可靠地计量

同时满足

计量

初始计量

（1）外购

常考的不构成外购存货成本包括但不限于：入库后的仓储费、可抵扣的增值税、非合理损耗、采购人员差旅费等

①

项目	内容	
买价	不包括按规定可以抵扣的增值税进项税额	
相关税费	归属于存货成本的消费税、资源税和不能从销项税额中抵扣的增值税进项税额	
其他	运输费、装卸费、保险费、入库前挑选整理费等	包括运输途中的合理损耗

如果题目已告知合理损耗，在计算存货的总成本时，则无须考虑合理损耗部分存货的价值（无论题目如何表述，都不予以考虑）。若是计算存货的单位成本，则应按实际验收入库后的数量计算，即分母是扣除合理损耗部分存货实际验收入库的数量

②确认为存货的数据资源：成本包括数据权属鉴证、质量评估、登记结算、安全管理等费用 新

（2）委托加工

项目	内容	
发出存货成本	实际耗用的原材料或者半成品	
其他	加工费、运输费等	
相关税费	不可抵扣的进项税额	收回后直接对外出售代收代缴消费税

收回后连续生产加工应税消费品，受托方代收代缴消费税记入“应交税费”科目，不计入存货成本

（3）自产 — 直接材料 + 直接人工 + 制造费用

- ①正常消耗 — 计入存货成本
- ②非正常消耗
  - Ⅰ．自然灾害造成的损失计入营业外支出
  - Ⅱ．管理不善造成的损失计入管理费用

(4) 投资者投入 —

应交税费——应交增值税（进项税额）

贷：实收资本（或股本）

资本公积——资本（或股本）溢价

(5) 提供劳务取得 — 直接人工 + 其他直接费用 + 归属于该存货的间接费用

期末计量

(1) 基本原则 — 按照成本与可变现净值孰低计量，成本高于其可变现净值，应当计提存货跌价准备

(2) 存货减值迹象判断

- ①通常存在减值
  - a. 市价持续下跌，并且在可预见的未来无回升的希望
  - b. 企业使用该项原材料生产的产品的成本大于产品的销售价格
  - c. 企业因产品迭代，原有库存原材料已不适应新产品的需要，而该原材料的市场价格又低于其账面成本
  - d. 因企业所提供的商品或劳务过时或消费者偏好改变而使市场的需求发生变化，导致市场价格逐渐下跌
- ②可变现净值为零
  - a. 已霉烂变质的存货
  - b. 已过期且无转让价值的存货
  - c. 生产中已不再需要，并且已无使用价值和转让价值的存货

(3) 可变现净值

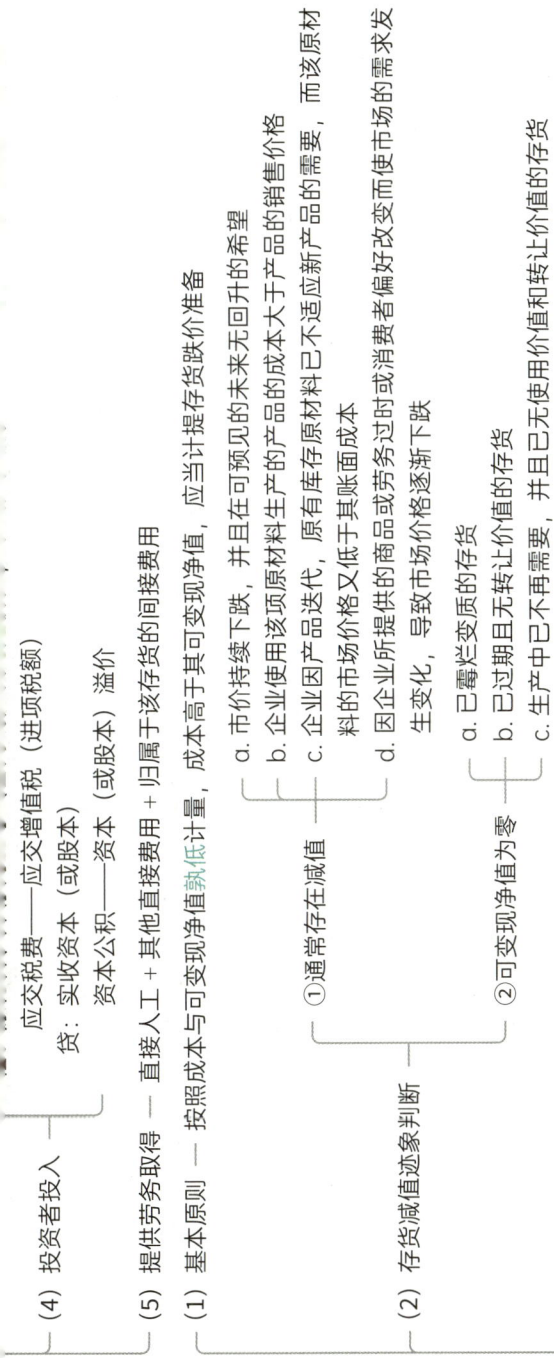

估计售价金额的确定，有合同按合同售价，无合同按市场售价

存货用途	可变现净值	说明
库存商品	商品估计售价 − 估计的销售费用 − 相关税费	若存在部分签订合同、部分未签订合同的情况，视为两批存货处理，不能合并结果
生产用原材料	生产产品估计售价 − 进一步加工成本 − 产品估计销售税费	此时不考虑原材料的估计售价。若原材料所生产的产品未减值，则该材料不计提减值；若所生产的产品发生减值，则材料期末应按可变现净值计量
销售用原材料	原材料估计售价 − 估计的销售费用 − 相关税费	此时不考虑其后续生产产品的价值

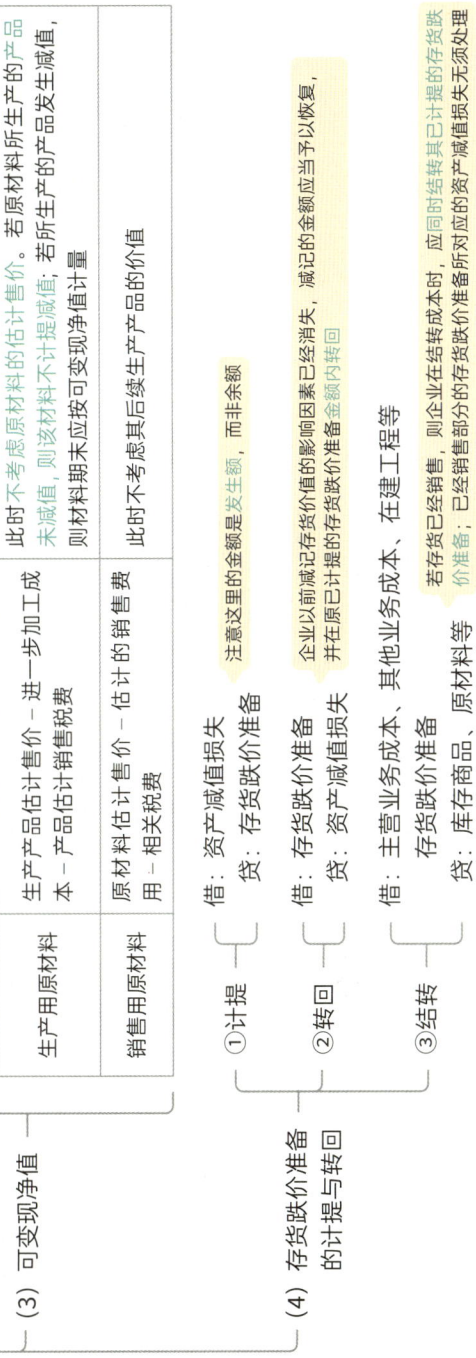

(4) 存货跌价准备的计提与转回

- ①计提
  - 借：资产减值损失
  - 贷：存货跌价准备
  - 注意这里的金额是发生额，而非余额
- ②转回
  - 借：存货跌价准备
  - 贷：资产减值损失
  - 企业以前减记存货价值的影响因素已经消失，减记的金额应当予以恢复，并在原已计提的存货跌价准备金额内转回
- ③结转
  - 借：主营业务成本、其他业务成本、在建工程等
  - 存货跌价准备
  - 贷：库存商品、原材料等
  - 若存货已经销售，则企业在结转成本时，应同时结转其已计提的存货跌价准备；已经销售部分的存货跌价准备所对应的资产减值损失无须处理

第三章 固定资产 （考4分）

固定资产

确认

条件（同时满足）

（1）与该固定资产有关的经济利益很可能流入企业

（2）该固定资产的成本能够可靠地计量

注意

（1）环保设备和安全设备应确认为固定资产

（2）根据情况，可以分别将固定资产各组成部分确认为单项固定资产。例如，飞机引擎

（3）工业企业所持有的备品备件和维修设备符合固定资产定义和确认条件的，应确认为固定资产。例如，民用航空运输企业的高价周转件

（1）外购

①单项资产

a. 不需安装

项目	内容	会计分录
买价	直接发生的价款	借：固定资产 应交税费——应交增值税（进项税额） 贷：银行存款等
相关税费	不可抵扣的增值税等	
其他	装卸费、运输费、专业人员服务费	

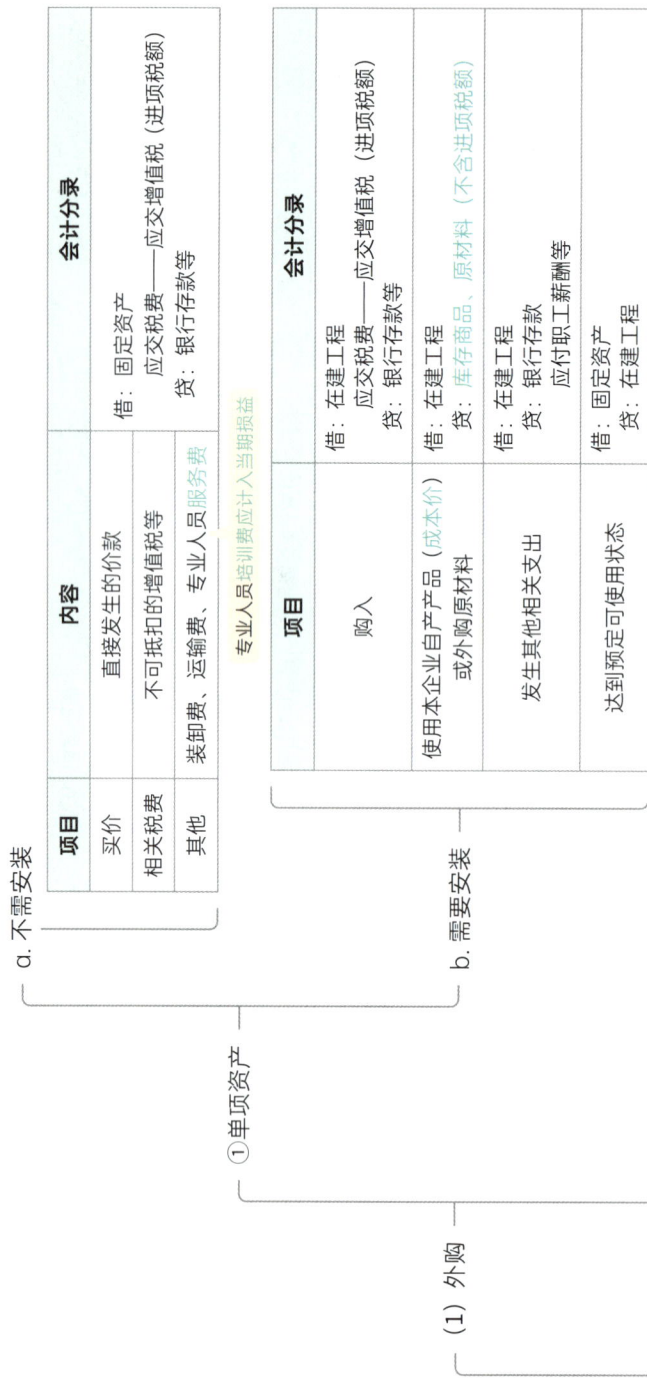

专业人员培训费应计入当期损益

b. 需要安装

项目	会计分录
购入	借：在建工程 应交税费——应交增值税（进项税额） 贷：银行存款等
使用本企业自产产品（成本价）或外购原材料	借：在建工程 贷：库存商品、原材料（不含进项税额）
发生其他相关支出	借：在建工程 贷：银行存款 应付职工薪酬等
达到预定可使用状态	借：固定资产 贷：在建工程

②多项资产 — 按照公允价值相对比例分摊成本

①自营

直接材料＋直接人工＋直接机械施工费（含分摊的间接费用）＋符合资本化条件的借款费用等

项目	会计分录
购入工程物资	借：工程物资 应交税费——应交增值税（进项税额） 贷：银行存款等
领用工程物资	借：在建工程 贷：工程物资（不含进项税额）

续表

项目	会计分录
支付其他工程费用	借：在建工程 　贷：银行存款
计提工程人员工资、薪金	借：在建工程 　贷：应付职工薪酬
领用自产产品（成本价）或外购原材料	借：在建工程 　贷：库存商品、原材料（不含进项税额）
达到预定可使用状态	借：固定资产 　贷：在建工程

②出包 — 建筑工程支出 + 安装工程支出 + 分摊的待摊支出

包括为建造工程发生的管理费、可行性研究费、临时设施费、公证费、监理费、应负担的税金、符合资本化条件的借款费用、建设期间发生的工程物资盘亏、报废及毁损净损失等

③试运行

a. 测试固定资产可否正常运转而发生的支出应计入该固定资产成本

b. 达到预定可使用状态前的试运行产品，销售相关的收入和成本分别处理，计入当期损益

计量 — 初始计量

达到预定可使用状态前所发生的一切合理、必要的支出

（2）自建

（3）投资者投入

①

借：固定资产（约定的价值 + 相关税费，约定不公允的除外）

　　应交税费——应交增值税（进项税额）

　贷：实收资本（或股本）

　　　资本公积——资本（或股本）溢价

②投资合同或协议约定价值不公允：按照固定资产的公允价值作为入账价值，其公允价值与投资合同或协议约定的价值之差计入资本公积 新

（4）存在弃置费用

现值计入相关固定资产成本。终值与现值差额在固定资产的使用寿命内摊销

①

项目	会计分录
确认时	借：固定资产 　贷：在建工程（实际发生的建造成本） 　　　预计负债（弃置费用的现值）
摊销时	借：财务费用 　贷：预计负债（期初摊余成本 × 实际利率）
支付时	借：预计负债 　贷：银行存款

②弃置费用减少时，预计负债减少，以该固定资产账面价值为限扣减固定资产成本，超出部分计入当期损益

③弃置费用增加时，预计负债增加，增加该固定资产的成本

固定资产

计量

后续计量

（1）折旧

①范围

- a. 已提足折旧仍继续使用的固定资产
- b. 按照规定单独计价作为固定资产入账的土地
- c. 更新改造期间停止使用的固定资产
- d. 提前报废的固定资产
- e. 划分为持有待售类别

不提折旧

②要求

- a. 当月增加，当月不提；当月减少，当月计提
- b. 按照固定资产有关的经济利益的预期消耗方式选择固定资产折旧方法
- c. 达到预定可使用状态之次月起开始计提折旧
- d. 已达到预定可使用状态但尚未办理竣工决算的固定资产，应当按照暂估价值确认为固定资产，并计提折旧
- e. 待办理了竣工决算手续后，再按实际成本调整原来的暂估价值，但不需要调整原已计提的折旧额
- f. 至少应当于每年年度终了，对固定资产的使用寿命、预计净残值和折旧方法进行复核
- g. 固定资产使用寿命、预计净残值和折旧方法的改变应当作为会计估计变更

不能以包括使用固定资产在内的经济活动所产生的收入为基础进行折旧

属于会计估计变更

③方法

- a. 固定资产的折旧方法一经确定，不得随意变更
- b.

折旧方法	公式	说明
年限平均法	年折旧额 =（固定资产原值 − 预计净残值）÷ 预计使用年限 = 固定资产原值 ×（1− 预计净残值率）÷ 预计使用年限	月折旧额 = 年折旧额 ÷12
工作量法	单位工作量折旧额 = 固定资产原值 ×（1− 预计净残值率）÷ 预计总工作量	月折旧额 = 当月工作量 × 单位工作量折旧额
双倍余额递减法	年折旧额 = 固定资产账面净值 × 年折旧率 =（固定资产原值 − 累计折旧）× 年折旧率 年折旧率 =2/ 预计使用年限 ×100%	最后两年的折旧率与之前不同
年数总和法	年折旧额 =（固定资产原值 − 预计净残值）× 年折旧率 年折旧率 = 尚可使用年限 ÷ 预计使用年限的年数总和	各年折旧率不同

注意区分会计年度和折旧年度

④分录

借：制造费用（生产部门）
　　管理费用（行政部门、闲置或尚未使用）
　　销售费用（销售部门）
　　在建工程（工程建造）
　　研发支出（研发固定资产）
　　其他业务成本（经营出租固定资产）
　贷：累计折旧

折旧额应根据受益对象进行分摊

(2) 后续支出

①资本化

a.

项目	会计分录
固定资产转入在建工程	借：在建工程 　　累计折旧 　　固定资产减值准备 　贷：固定资产
发生改扩建工程支出	借：在建工程 　贷：银行存款等
有替换资产	借：银行存款或原材料（入库残料价值） 　　营业外支出（净损失） 　贷：在建工程（被替换部分的账面价值）
达到预定可使用状态	借：固定资产 　贷：在建工程

b. 更新改造时，转入在建工程，停止折旧

c. 更新改造后，按重新确定的使用寿命、预计净残值和折旧方法计提折旧

②费用化 — 按照受益对象计入当期损益

处置

包括将固定资产划分为持有待售类别，以及固定资产的出售、转让、报废或毁损、对外投资、债务重组、非货币性资产交换等

终止确认的条件

（1）处于处置状态

（2）预期通过使用或处置不能产生经济利益

满足其一

会计处理

通过“固定资产清理”核算

项目	会计分录
结转固定资产账面价值	借：固定资产清理 　　累计折旧 　　固定资产减值准备 　贷：固定资产
发生清理费用等支出	借：固定资产清理 　贷：银行存款等
残料变价（入库）及保险公司或责任人赔偿	借：银行存款（残料变价） 　　原材料（残料入库） 　　其他应收款（保险公司或责任人赔偿） 　贷：固定资产清理
取得处置价款	借：银行存款 　贷：固定资产清理 　　　应交税费——应交增值税（销项税额）

情形	会计处理
因出售、转让等原因产生的固定资产处置利得或损失	借或贷：固定资产清理 　贷或借：资产处置损益
生产经营期间由于自然灾害等原因报废造成的净损益	借：固定资产清理 　贷：营业外收入（利得） 借：营业外支出（损失） 　贷：固定资产清理

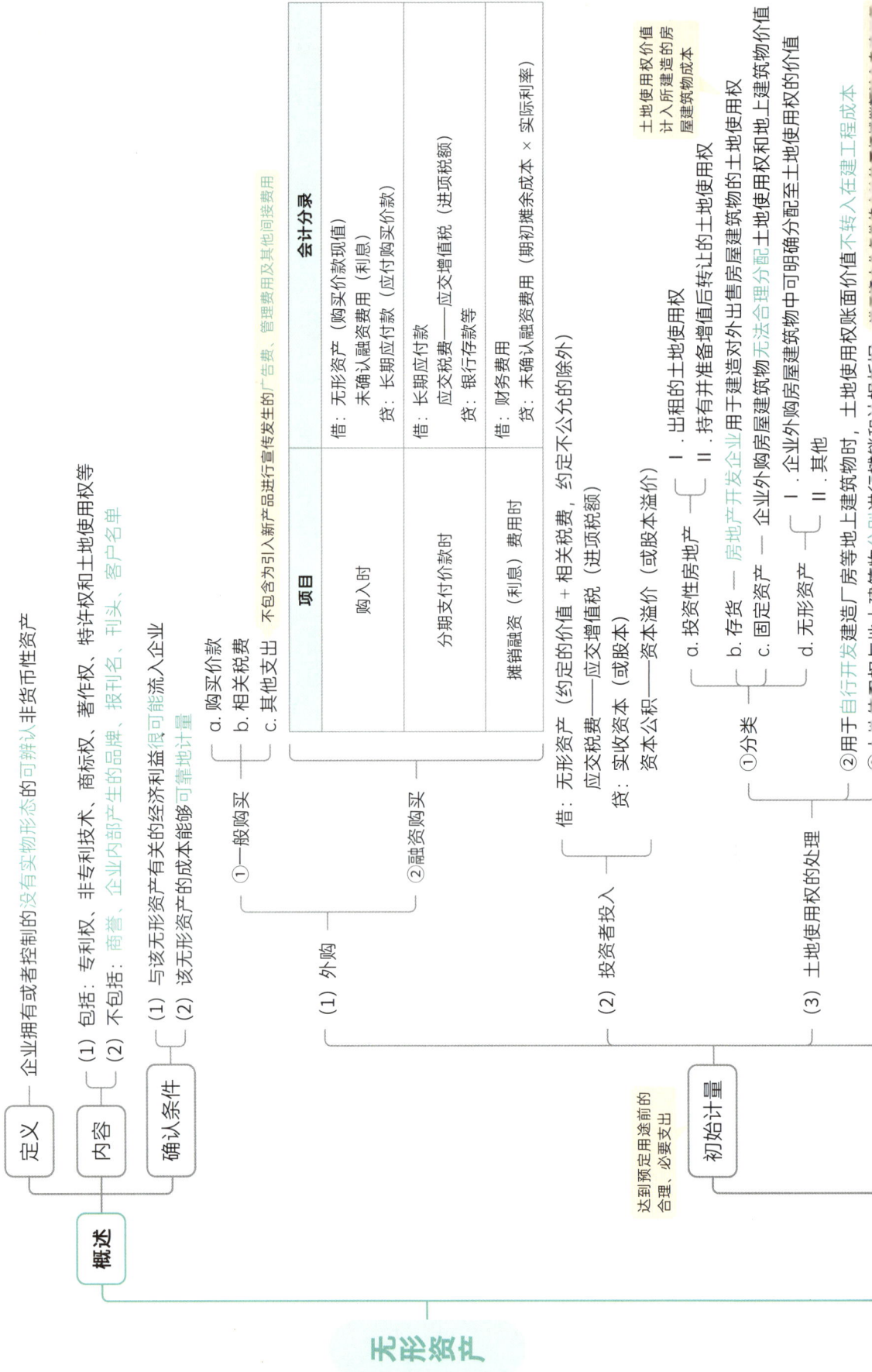

无形资产

概述

- 定义：企业拥有或者控制的没有实物形态的可辨认非货币性资产
- 内容
  - （1）包括：专利权、非专利技术、商标权、著作权、特许权和土地使用权等
  - （2）不包括：商誉、企业内部产生的品牌、报刊名、刊头、客户名单
- 确认条件
  - （1）与该无形资产有关的经济利益很可能流入企业
  - （2）该无形资产的成本能够可靠地计量

初始计量

达到预定用途前的合理、必要支出

- （1）外购
  - ①一般购买
    - a. 购买价款
    - b. 相关税费
    - c. 其他支出　不包含为引入新产品进行宣传发生的广告费、管理费用及其他间接费用
  - ②融资购买

项目	会计分录
购入时	借：无形资产（购买价款现值） 　未确认融资费用（利息） 贷：长期应付款（应付购买价款）
分期支付价款时	借：长期应付款 　应交税费——应交增值税（进项税额） 贷：银行存款等
摊销融资（利息）费用时	借：财务费用 贷：未确认融资费用（期初摊余成本 × 实际利率）

- （2）投资者投入
  - 借：无形资产（约定的价值 + 相关税费，约定不公允的除外）
  - 　应交税费——应交增值税（进项税额）
  - 贷：实收资本（或股本）
  - 　资本公积——资本溢价（或股本溢价）
- （3）土地使用权的处理
  - ①分类
    - a. 投资性房地产
      - Ⅰ. 出租的土地使用权
      - Ⅱ. 持有并准备增值后转让的土地使用权
    - b. 存货 — 房地产开发企业用于建造对外出售房屋建筑物的土地使用权
    - c. 固定资产 — 企业外购房屋建筑物无法合理分配土地使用权和地上建筑物价值
    - d. 无形资产
      - Ⅰ. 企业外购房屋建筑物中可明确分配至土地使用权的价值
      - Ⅱ. 其他
  - ②用于自行开发建造厂房等地上建筑物时，土地使用权账面价值不转入在建工程成本

土地使用权价值计入所建造的房屋建筑物成本

计量

(4) 内部研发

①确认

- b. 开发阶段支出在满足资本化条件时资本化，其余费用化
- c. 无法区分研究阶段和开发阶段，支出一律费用化

②计量

阶段		会计处理
研究阶段		借：研发支出——费用化支出 　贷：银行存款等
开发阶段	不满足资本化条件	借：管理费用 　贷：研发支出——费用化支出
	满足资本化条件	借：研发支出——资本化支出 　贷：银行存款等 借：无形资产 　贷：研发支出——资本化支出

后续计量

(1) 使用寿命

①有限

- a. 资产的预期使用期限与合同性权利或其他法定权利规定的期限孰短确定
- b. 没有明确的合同或法律规定无形资产使用寿命的，合理推断无形资产为企业带来未来经济利益的期限

在使用寿命内合理摊销

- c. 至少于每年年度终了复核使用寿命，若有证据表明无形资产的使用寿命与以前估计不同，应改变摊销期限，并按会计估计变更处理

②不确定

- a. 使用上述方式仍无法合理确定无形资产为企业带来经济利益的期限时，应将其作为使用寿命不确定的无形资产（不摊销）
- b. 每个会计期末复核使用寿命，若有证据表明使用寿命有限，应估计使用寿命，视为会计估计变更，此后按使用寿命有限的无形资产的有关规定进行会计处理

(2) 摊销

①摊销金额 — 成本 − 预计残值（一般为零）− 无形资产减值准备（若有）

②摊销期限 — 当月增加，当月开始摊销；当月减少，当月停止摊销

③摊销方法（年度终了复核）

- a. 根据与无形资产有关的经济利益的预期消耗方式作出决定
- b. 无法可靠确定其预期消耗方式的，采用直线法进行摊销

注意：与使用寿命不确定的无形资产进行区分

④以收入为基础

不包括采用车流量法对高速公路经营权进行摊销

如企业获得勘探开采黄金的特许权，且合同明确规定该特许权在销售黄金的收入总额达到某固定的金额时失效

- a. 合同约定条款为因使用无形资产而应取得的固定的收入总额时，取得的收入可以成为摊销的合理基础
- b. 有确凿的证据表明收入的金额和无形资产经济利益的消耗高度相关

无形资产

- **计量**
  - 后续计量
    - （2）摊销 — ⑤会计处理
      - 借：在建工程（用于工程项目）
        - 制造费用（用于产品的生产）
        - 管理费用（自用的一般无形资产）
        - 其他业务成本（出租的无形资产）
      - 贷：累计摊销
    - （3）减值
      - ①要求
        - a. 使用寿命不确定的无形资产，应当至少在每一个会计期末进行减值测试
        - b. 无形资产减值准备一经计提，在其持有期间不得转回
      - ②会计处理
        - 借：资产减值损失
        - 贷：无形资产减值准备
- **处置**
  - 出售
    - 借：银行存款
      - 无形资产减值准备
      - 累计摊销
    - 贷：无形资产
      - 应交税费——应交增值税（销项税额）
    - 差额：资产处置损益
  - 报废
    - 借：营业外支出
      - 累计摊销
      - 无形资产减值准备
    - 贷：无形资产

笔记区

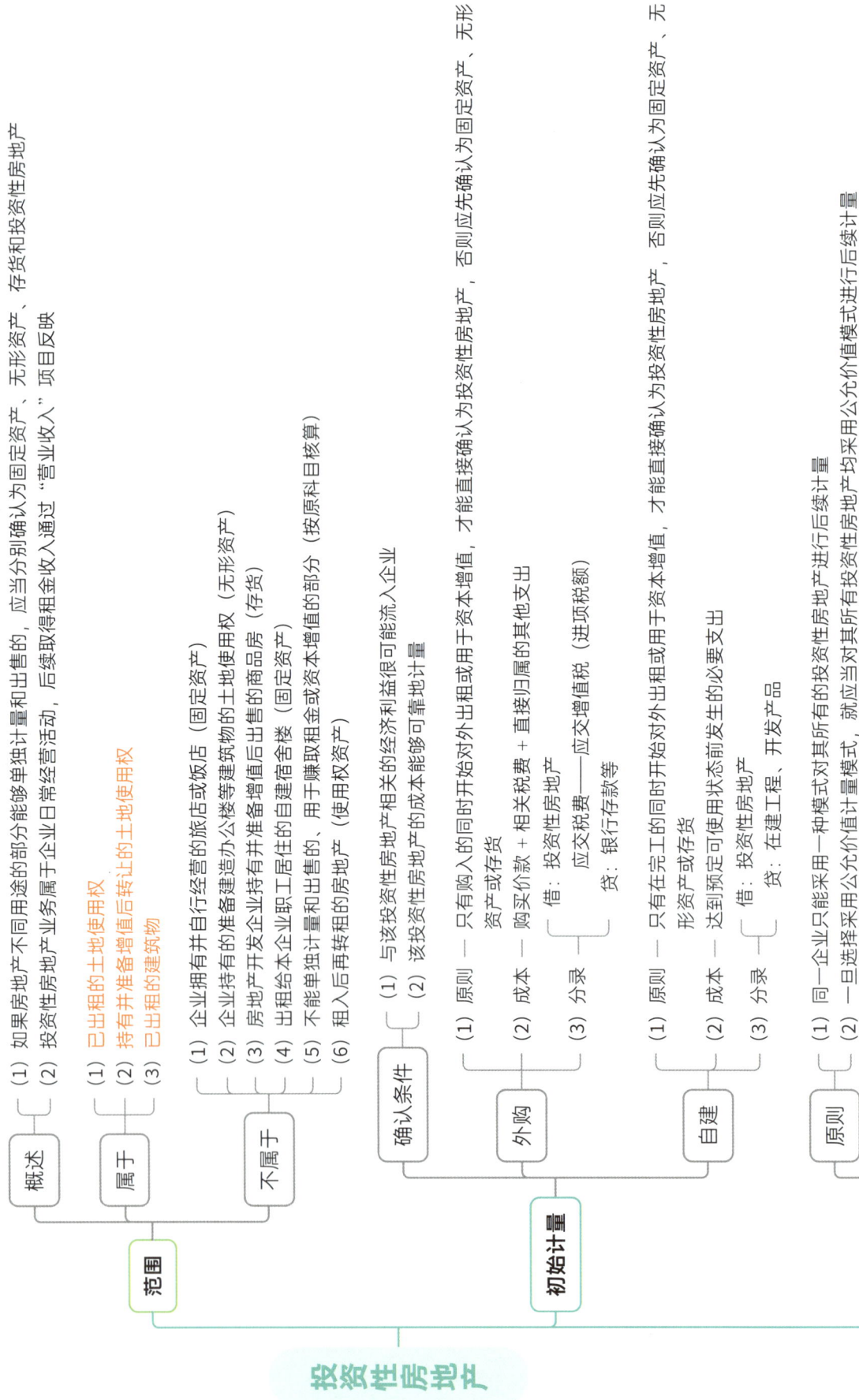

第五章 投资性房地产 （考4分）

投资性房地产

范围

- 概述
  - （1）如果房地产不同用途的部分能够单独计量和出售的，应当分别确认为固定资产、无形资产、存货和投资性房地产
  - （2）投资性房地产业务属于企业日常经营活动，后续取得租金收入通过“营业收入”项目反映
- 属于
  - （1）已出租的土地使用权
  - （2）持有并准备增值后转让的土地使用权
  - （3）已出租的建筑物
- 不属于
  - （1）企业拥有并自行经营的旅店或饭店（固定资产）
  - （2）企业持有的准备建造办公楼等建筑物的土地使用权（无形资产）
  - （3）房地产开发企业持有并准备增值后出售的商品房（存货）
  - （4）出租给本企业职工居住的自建宿舍楼（固定资产）
  - （5）不能单独计量和出售的、用于赚取租金或资本增值的部分（按原科目核算）
  - （6）租入后再转租的房地产（使用权资产）

初始计量

- 确认条件
  - （1）与该投资性房地产相关的经济利益很可能流入企业
  - （2）该投资性房地产的成本能够可靠地计量
- 外购
  - （1）原则 — 只有购入的同时开始对外出租或用于资本增值，才能直接确认为投资性房地产，否则应先确认为固定资产、无形资产或存货
  - （2）成本 — 购买价款 + 相关税费 + 直接归属的其他支出
  - （3）分录
    - 借：投资性房地产
    - 　　应交税费——应交增值税（进项税额）
    - 　贷：银行存款等
- 自建
  - （1）原则 — 只有在完工的同时开始对外出租或用于资本增值，才能直接确认为投资性房地产，否则应先确认为固定资产、无形资产或存货
  - （2）成本 — 达到预定可使用状态前发生的必要支出
  - （3）分录
    - 借：投资性房地产
    - 　贷：在建工程、开发产品

- 原则
  - （1）同一企业只能采用一种模式对其所有的投资性房地产进行后续计量
  - （2）一旦选择采用公允价值计量模式，就应当对其所有投资性房地产均采用公允价值模式进行后续计量

后续计量

会计处理

情形	成本模式	公允价值模式
租金收入	借：银行存款 贷：其他业务收入 应交税费——应交增值税（销项税额）	
计提折旧	借：其他业务成本 贷：投资性房地产累计折旧（摊销）	不提折旧（摊销）
计提减值	借：资产减值损失（一经计提不得转回） 贷：投资性房地产减值准备	不提减值
公允价值变动	历史成本计量	借或贷：投资性房地产——公允价值变动 贷或借：公允价值变动损益

模式变更

（1）原则

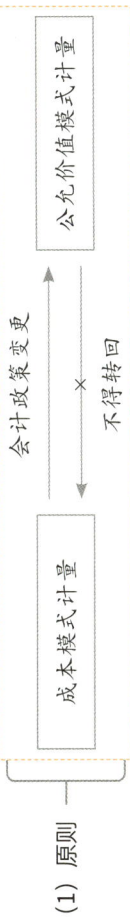

成本模式计量 → 会计政策变更 → 公允价值模式计量

公允价值模式计量 ×→ 成本模式计量：不得转回

（2）何时停止折旧（摊销）

①房屋建筑物：与固定资产规定一致，即当月减少当月仍计提，变更次月起停止计提折旧

②土地使用权：与无形资产规定一致，即当月减少当月停止计提，变更当月停止计提摊销

（3）分录

暂不考虑所得税和盈余公积等

借：投资性房地产——成本（变更日公允价值）
　　投资性房地产累计折旧（摊销）
　　投资性房地产减值准备
　贷：投资性房地产（原值）
差额：利润分配——未分配利润

后续支出

注意：改扩建等再开发期间不计提折旧或摊销

情形		成本模式	公允价值模式
资本化	转入改扩建时	借：投资性房地产——在建 投资性房地产累计折旧（摊销） 投资性房地产减值准备 贷：投资性房地产	借：投资性房地产——在建 贷：投资性房地产——成本 ——公允价值变动（或借方）
	发生改扩建支出	借：投资性房地产——在建 应交税费——应交增值税（进项税额） 贷：银行存款、原材料、应付职工薪酬等	
	改扩建完工	借：投资性房地产 贷：投资性房地产——在建	借：投资性房地产——成本 贷：投资性房地产——在建
费用化		借：其他业务成本 贷：银行存款等	

投资性房地产

转换

概述

（1）指房地产用途的变更（注意与后续计量模式的变更进行区分）

（2）转换日

- ①投资性房地产转为固定资产 — 企业开始将房地产用于生产商品、提供劳务或者经营管理的日期
- ②存货、固定资产转为投资性房地产 — 房地产的租赁期开始日
- ③无形资产转为投资性房地产 — 自用土地使用权停止自用后，确定用于赚取租金或资本增值的日期
- ④投资性房地产转为存货 — 租赁期满，企业书面决议明确表示将其重新开发用于对外销售的日期

成本模式下的转换

（1）固定（无形）资产↔投资性房地产

①原则：科目之间一一对转

②会计处理

固定（无形）资产→投资性房地产	投资性房地产→固定（无形）资产
借：投资性房地产（原固定资产或无形资产的账面原值） 累计折旧（摊销） 固定（无形）资产减值准备 贷：固定资产、无形资产 投资性房地产累计折旧（摊销） 投资性房地产减值准备	借：固定资产、无形资产（原投资性房地产的账面原值） 投资性房地产累计折旧（摊销） 投资性房地产减值准备 贷：投资性房地产 累计折旧（摊销） 固定（无形）资产减值准备

（2）存货↔投资性房地产

①原则：将原资产账面价值转入新确认资产入账价值中

②会计处理

存货→投资性房地产	投资性房地产→存货
借：投资性房地产（原存货的账面价值） 存货跌价准备 贷：开发产品	借：开发产品（原投资性房地产的账面价值） 投资性房地产累计折旧（摊销） 投资性房地产减值准备 贷：投资性房地产

公允价值模式下的转换

（1）自用房地产或存货→投资性房地产（借方差额，计入公允价值变动损益；贷方差额，计入其他综合收益）

借：投资性房地产——成本（转换日的公允价值）
累计折旧（摊销）
固定（无形）资产减值准备、存货跌价准备
公允价值变动损益（公允价值＜账面价值）
贷：固定资产、无形资产、开发产品
其他综合收益（公允价值＞账面价值）

（2）投资性房地产→自用房地产或存货（不区分借贷方差额，均计入公允价值变动损益）

借：固定资产、无形资产、开发产品（转换日的公允价值）
贷：投资性房地产——成本
——公允价值变动（或借方）
差额：公允价值变动损益

- 处置
  - 成本模式
    - （1）确认收入
      - 贷：其他业务收入
      - 　　应交税费——应交增值税（销项税额）
    - （2）结转成本
      - 借：其他业务成本
      - 　　投资性房地产累计折旧（摊销）
      - 　　投资性房地产减值准备
      - 贷：投资性房地产
  - 公允价值模式
    - （1）确认收入
      - 借：银行存款
      - 　贷：其他业务收入
      - 　　　应交税费——应交增值税（销项税额）
    - （2）结转成本
      - 借：其他业务成本
      - 　贷：投资性房地产——成本
      - 　　　　　　　　　——公允价值变动（或借方）
    - （3）结转公允价值变动损益
      - 借或贷：公允价值变动损益
      - 　贷或借：其他业务成本
      - 不影响损益
    - （4）结转其他综合收益
      - 借：其他综合收益
      - 　贷：其他业务成本

笔记区

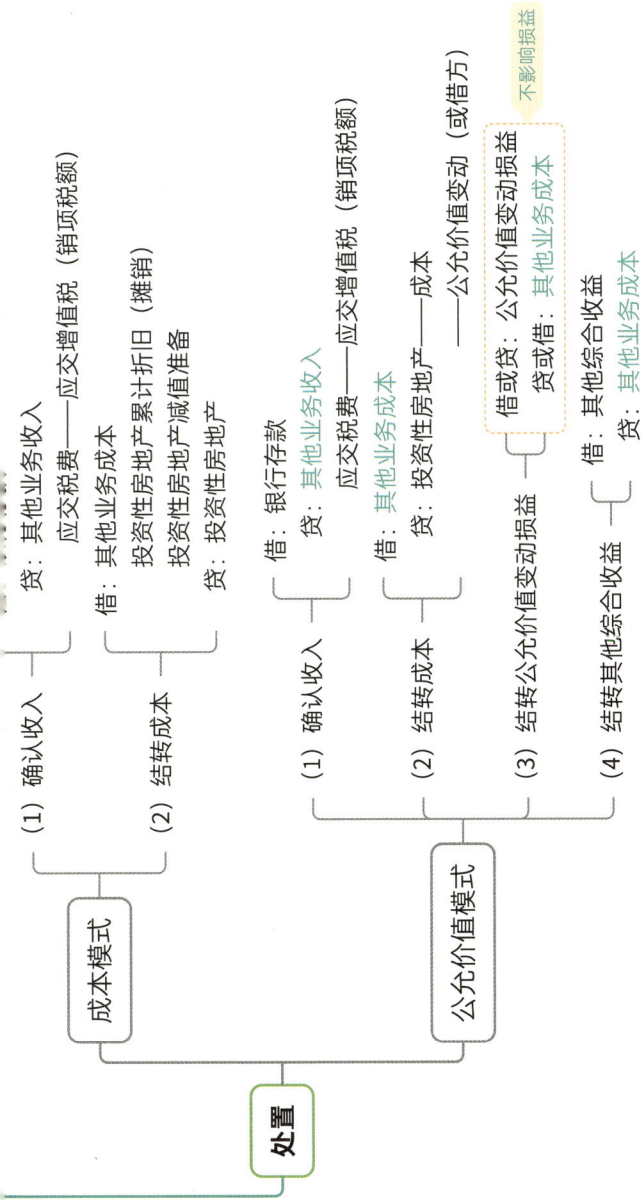

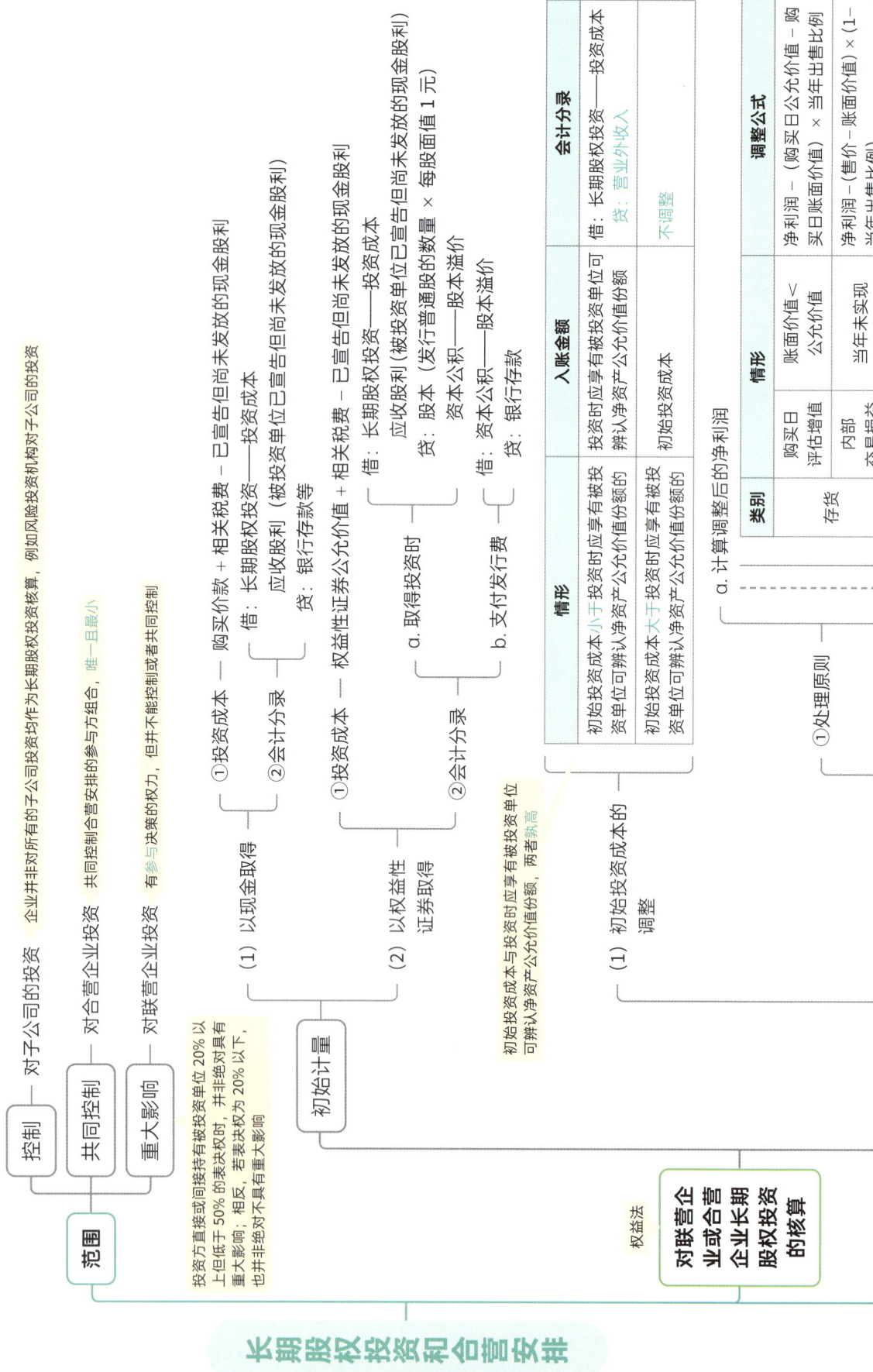

长期股权投资和合营安排

- **范围**
  - 控制 — 对子公司的投资
    - 企业并非对所有的子公司投资均作为长期股权投资核算，例如风险投资机构对子公司的投资
  - 共同控制 — 对合营企业投资
    - 共同控制合营安排的参与方组合，唯一且最小
  - 重大影响 — 对联营企业投资
    - 有参与决策的权力，但并不能控制或者共同控制
    - 投资方直接或间接持有被投资单位 20% 以上但低于 50% 的表决权时，并非绝对具有重大影响；相反，若表决权为 20% 以下，也并非绝对不具有重大影响
- **对联营企业或合营企业长期股权投资的核算**（权益法）
  - 初始计量
    - （1）以现金取得
      - ①投资成本 — 购买价款 + 相关税费 − 已宣告但尚未发放的现金股利
      - ②会计分录
        - 借：长期股权投资——投资成本
        -   应收股利（被投资单位已宣告但尚未发放的现金股利）
        - 贷：银行存款等
    - （2）以权益性证券取得
      - ①投资成本 — 权益性证券公允价值 + 相关税费 − 已宣告但尚未发放的现金股利
      - ②会计分录
        - a. 取得投资时
          - 借：长期股权投资——投资成本
          -   应收股利（被投资单位已宣告但尚未发放的现金股利）
          - 贷：股本（发行普通股的数量 × 每股面值 1 元）
          -   资本公积——股本溢价
        - b. 支付发行费
          - 借：资本公积——股本溢价
          - 贷：银行存款
  - （1）初始投资成本的调整
    - 初始投资成本与投资时应享有被投资单位可辨认净资产公允价值份额，两者孰高

情形	入账金额	会计分录
初始投资成本小于投资时应享有被投资单位可辨认净资产公允价值份额的	投资时应享有被投资单位可辨认净资产公允价值份额	借：长期股权投资——投资成本 贷：营业外收入
初始投资成本大于投资时应享有被投资单位可辨认净资产公允价值份额的	初始投资成本	不调整

  - ①处理原则
    - a. 计算调整后的净利润

类别	情形		调整公式
存货	购买日评估增值	账面价值＜公允价值	净利润 −（购买日公允价值 − 购买日账面价值）× 当年出售比例
	内部交易损益	当年未实现	净利润 −（售价 − 账面价值）×（1− 当年出售比例）

后续计量

(2) 投资损益的确认

类别	情形		调整公式
存货	内部交易损益	次年实现以前年度未实现	净利润＋（售价－账面价值）×次年出售比例
固定资产	购买日评估增值	账面价值＜公允价值	净利润－（购买日公允价值－购买日账面价值）×月折旧率×当年折旧月数
	内部交易损益	当年未实现	净利润－(售价－账面价值)×(1－月折旧率×当年折旧月数)
		次年实现以前年度未实现	净利润＋（售价－账面价值）×月折旧率×次年折旧月数

b. 确认投资收益（调整后的净利润 × 持股比例）

②会计分录
- 借或贷：长期股权投资——损益调整
- 贷或借：投资收益

(3) 超额亏损的确认

注意：由下往上恢复亏损

- ①冲减长期股权投资账面价值
  - 借：投资收益
  - 贷：长期股权投资——损益调整
- ②冲减长期应收款
  - 借：投资收益
  - 贷：长期应收款
- ③增加预计负债
  - 借：投资收益
  - 贷：预计负债
- ④计入备查簿

(4) 分派股利

- ①现金股利
  - a. 宣告时
    - 借：应收股利（宣告的现金股利 × 持股比例）
    - 贷：长期股权投资——损益调整
  - b. 收到时
    - 借：银行存款等
    - 贷：应收股利
- ②股票股利 — 不作处理，于除权日在备查簿中登记

(5) 其他综合收益变动
- 借或贷：长期股权投资——其他综合收益
- 贷或借：其他综合收益（其他综合收益变动额 × 持股比例）

(6) 其他权益变动
- 借或贷：长期股权投资——其他权益变动
- 贷或借：资本公积——其他资本公积（其他权益变动额 × 持股比例）

(7) 减值
- 借：资产减值损失
- 贷：长期股权投资减值准备

一经计提，不得转回

长期股权投资和合营安排

对联营企业或合营企业长期股权投资的核算（权益法）

处置

(1) 全部处置

①售价与处置全部长期股权投资账面价值之间的差额计入投资收益

借：银行存款等
　　长期股权投资减值准备
　贷：长期股权投资——投资成本
　　　　　　　　　——损益调整
　　　　　　　　　——其他综合收益
　　　　　　　　　——其他权益变动
差额：投资收益

②原计入其他综合收益和资本公积的金额全部结转

a. 借或贷：其他综合收益
　　贷或借：投资收益（可转损益部分）
　　　　　　留存收益（不可转损益部分）
b. 借或贷：资本公积——其他资本公积
　　贷或借：投资收益

(2) 部分处置（处置后仍采用权益法核算）

①售价与处置部分长期股权投资账面价值之间的差额计入投资收益

借：银行存款等
　　长期股权投资减值准备
　贷：长期股权投资——投资成本
　　　　　　　　　——损益调整
　　　　　　　　　——其他综合收益
　　　　　　　　　——其他权益变动
差额：投资收益

②原计入其他综合收益和资本公积的金额按比例结转

a. 借或贷：其他综合收益
　　贷或借：投资收益（可转损益部分）
　　　　　　留存收益（不可转损益部分）
b. 借或贷：资本公积——其他资本公积
　　贷或借：投资收益

(3) 处置时其他综合收益处理原则（“追根溯源”）

①可以转损益：被投资单位的其他综合收益在未来因相关资产或负债终止确认时可转损益。例如，因被投资单位其他债权投资公允价值变动形成的其他综合收益可以转损益

②不得转损益：被投资单位的其他综合收益在未来因相关资产或负债终止确认时不得转入损益。例如，因被投资单位其他权益工具投资公允价值变动形成的其他综合收益不可以转损益

初始计量

情形	非同一控制下企业合并	同一控制下企业合并
初始投资成本	付出的资产、发生或承担的负债以及发行的权益性证券的公允价值	合并日取得的被合并方在最终控制方合并财务报表中的净资产账面价值的份额＋最终控制方收购被合并方时形成的商誉

成本法

对子公司长期股权投资的核算

<table>
<tr><th>情形</th><th>非同一控制下企业合并</th><th>同一控制下企业合并</th></tr>
<tr><td>为进行企业合并发生的各项直接相关费用</td><td colspan="2">借：管理费用（审计、法律服务、评估咨询等中介费用）
贷：银行存款</td></tr>
<tr><td>已宣告但尚未发放的现金股利</td><td colspan="2">计入应收股利</td></tr>
<tr><td>为企业合并发行债券支付的手续费</td><td colspan="2">计入应付债券——利息调整</td></tr>
<tr><td>发行权益性证券支付的手续费</td><td colspan="2">借：资本公积——股本溢价
留存收益
贷：银行存款</td></tr>
</table>

后续计量

（1）分派现金股利

借：应收股利（宣告的现金股利 × 持股比例）
　贷：投资收益

（2）减值

借：资产减值损失
　贷：长期股权投资减值准备

一经计提，不得转回

处置

借：银行存款等
　　长期股权投资减值准备
　贷：长期股权投资
差额：投资收益

涉及留存收益（利润分配——未分配利润）的部分，若题目要求提取盈余公积，则还需按比例计提盈余公积

转换

<table>
<tr><th>情形</th><th>增资</th><th>减资</th></tr>
<tr><td rowspan="2">公允价值计量的金融资产与权益法核算的长期股权投资之间的转换</td><td>交易性金融资产转换为长期股权投资：
借：长期股权投资——投资成本（原投资的公允价值 + 新增投资的公允价值）
　贷：银行存款等
　　　交易性金融资产（账面价值）
差额：投资收益（原投资公允价值与其账面价值的差额）</td><td rowspan="2">（1）处置部分：
借：银行存款（出售部分的公允价值）
　　交易性金融资产、其他权益工具投资（剩余部分的公允价值）
　贷：长期股权投资——投资成本
　　　　　　　　　——损益调整
　　　　　　　　　——其他综合收益
　　　　　　　　　——其他权益变动
差额：投资收益
（2）结转原权益法下确认的全部其他综合收益：
借或贷：其他综合收益
　贷或借：投资收益（可转损益部分）
　　　　利润分配——未分配利润（不可转损益部分）
（3）结转原权益法下计入资本公积的全部其他所有者权益变动：
借或贷：资本公积——其他资本公积
　贷或借：投资收益</td></tr>
<tr><td>其他权益工具投资转换为长期股权投资：
借：长期股权投资——投资成本（原投资的公允价值 + 新增投资的公允价值）
　贷：银行存款等
　　　其他权益工具投资（账面价值）
差额：利润分配——未分配利润（原投资公允价值与其账面价值的差额）
同时：
借或贷：其他综合收益
　贷或借：利润分配——未分配利润</td></tr>
</table>

续表

转换

情形	增资	减资
公允价值计量的金融资产与成本法核算的长期股权投资之间的转换	多次交易分步实现非同一控制下企业合并： （1）交易性金融资产转换为长期股权投资： 借：长期股权投资（原投资的公允价值＋新增投资的公允价值） 　贷：银行存款等 　　交易性金融资产（账面价值） 差额：投资收益（原投资公允价值与其账面价值的差额） （2）其他权益工具投资转换为长期股权投资： 借：长期股权投资（原投资的公允价值＋新增投资的公允价值） 　贷：银行存款等 　　其他权益工具投资（账面价值） 差额：利润分配——未分配利润（原投资公允价值与其账面价值的差额） 同时： 借或贷：其他综合收益 　贷或借：利润分配——未分配利润	借：银行存款（出售部分的公允价值） 　　交易性金融资产、其他权益工具投资（剩余部分的公允价值） 　贷：长期股权投资（原投资的账面价值） 差额：投资收益
	多次交易分步实现同一控制下控股合并： 借：长期股权投资（被合并方在最终控制方合并财务报表中的净资产账面价值的份额＋最终控制方收购被合并方时形成的商誉） 　贷：银行存款等（投出资产账面价值） 　　交易性金融资产、其他权益工具投资（原投资的账面价值） 差额：资本公积	
权益法核算的长期股权投资与成本法核算的长期股权投资之间的转换	多次交易分步实现非同一控制下企业合并： 借：长期股权投资（原投资的账面价值＋新增投资的公允价值） 　贷：长期股权投资——投资成本 　　　　　　　　——损益调整 　　　　　　　　——其他综合收益 　　　　　　　　——其他权益变动 　　银行存款等	（1）处置部分： 借：银行存款等 　贷：长期股权投资（处置部分） 差额：投资收益 （2）剩余部分追溯调整： ① 剩余部分的成本小于按照剩余持股比例计算原投资时应享有被投资单位可辨认净资产公允价值份额的调整： 借：长期股权投资——投资成本 　贷：营业外收入（当年） 　　利润分配——未分配利润（以前年度） ②宣告分派现金股利调整： 借：投资收益（当年） 　　利润分配——未分配利润（以前年度） 　贷：长期股权投资——损益调整

情形	增资	减资
权益法核算的长期股权投资与成本法核算的长期股权投资之间的转换	多次交易分步实现同一控制下控股合并： 借：长期股权投资（被合并方在最终控制方合并财务报表中的净资产账面价值的份额 + 最终控制方收购被合并方时形成的商誉） 贷：银行存款等（投出资产账面价值） 长期股权投资——投资成本 ——损益调整 ——其他综合收益 ——其他权益变动 差额：资本公积	③净损益调整： 借或贷：长期股权投资——损益调整 贷或借：投资收益（当年） 利润分配——未分配利润（以前年度） ④其他综合收益以及其他权益变动调整： 借或贷：长期股权投资——其他综合收益 ——其他权益变动 贷或借：其他综合收益 资本公积——其他资本公积

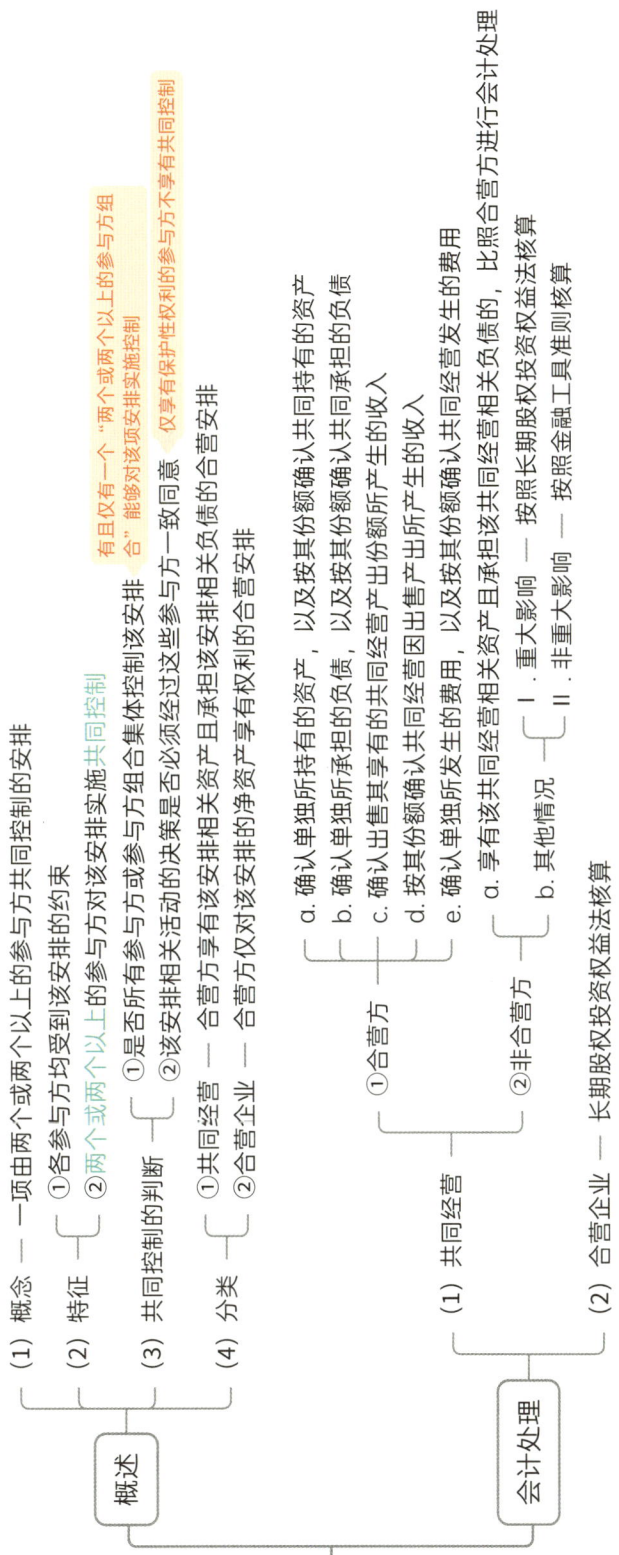

合营安排

- 概述
  - （1）概念 — 一项由两个或两个以上的参与方共同控制的安排
  - （2）特征
    - ①各参与方均受到该安排的约束
    - ②两个或两个以上的参与方对该安排实施共同控制
  - （3）共同控制的判断
    - ①是否所有参与方或参与方组合集体控制该安排（有且仅有一个“两个或两个以上的参与方组合”能够对该项安排实施控制）
    - ②该安排相关活动的决策是否必须经过这些参与方一致同意（仅享有保护性权利的参与方不享有共同控制）
  - （4）分类
    - ①共同经营 — 合营方享有该安排相关资产且承担该安排相关负债的合营安排
    - ②合营企业 — 合营方仅对该安排的净资产享有权利的合营安排
- 会计处理
  - （1）共同经营
    - ①合营方
      - a. 确认单独所持有的资产，以及按其份额确认共同持有的资产
      - b. 确认单独所承担的负债，以及按其份额确认共同承担的负债
      - c. 确认出售其享有的共同经营产出份额所产生的收入
      - d. 按其份额确认共同经营因出售产出所产生的收入
      - e. 确认单独所发生的费用，以及按其份额确认共同经营发生的费用
    - ②非合营方
      - a. 享有该共同经营相关资产且承担该共同经营相关负债的，比照合营方进行会计处理
      - b. 其他情况
        - Ⅰ. 重大影响 — 按照长期股权投资权益法核算
        - Ⅱ. 非重大影响 — 按照金融工具准则核算
  - （2）合营企业 — 长期股权投资权益法核算

笔记区

第七章 资产减值

（考2分）

资产减值

- **概述**
  - 适用范围
    - （1）长期股权投资
    - （2）采用成本模式进行后续计量的投资性房地产
    - （3）固定资产
    - （4）生产性生物资产
    - （5）无形资产
    - （6）商誉
    - （7）探明石油天然气矿区权益和井及相关设施等
    - 资产减值损失一经计提，持有期间不得转回
  - 减值判断
    - （1）迹象
      - ①资产的市价当期大幅度下跌，其跌幅明显高于因时间的推移或者正常使用而预计的下跌
      - ②企业经营所处的经济、技术或者法律等环境以及资产所处的市场在当期或者将在近期发生重大变化，从而对企业产生不利影响
      - ③市场利率或者其他市场投资报酬率在当期已经提高，从而影响企业计算资产预计未来现金流量现值的折现率，导致资产可收回金额大幅度降低
      - ④有证据表明资产已经陈旧过时或者其实体已经损坏
      - ⑤资产已经或者将被闲置、终止使用或者计划提前处置
      - ⑥企业内部报告的证据表明资产的经济绩效已经低于或者将低于预期
    - （2）测试
      - ①存在减值迹象时应当进行减值测试
      - ②至少每年年度终了进行减值测试
        - a. 因企业合并形成的商誉
        - b. 使用寿命不确定的无形资产
        - c. 尚未达到可使用状态的无形资产
- **资产可收回金额的计量和减值损失的确定**
  - 可收回金额（两者孰高计量）
    - （1）公允价值减去处置费用后的净额
    - （2）预计未来现金流量现值
      - ①税前未来现金流量
        - a. 应当包括
          - Ⅰ．资产持续使用过程中预计产生的现金流入
          - Ⅱ．为实现资产持续使用过程中产生的现金流入所必需的预计现金流出
          - Ⅲ．资产使用寿命结束时，所收到或支付的处置资产净现金流量
        - b. 不应考虑
          - Ⅰ．将来可能会发生的、尚未作出承诺的重组事项
          - Ⅱ．资产改良有关的预计未来现金流量
          - Ⅲ．筹资活动有关的现金流量
          - Ⅳ．与所得税收付有关的现金流量
      - ②折现率 — 反映当前市场货币时间价值和资产特定风险的税前利率

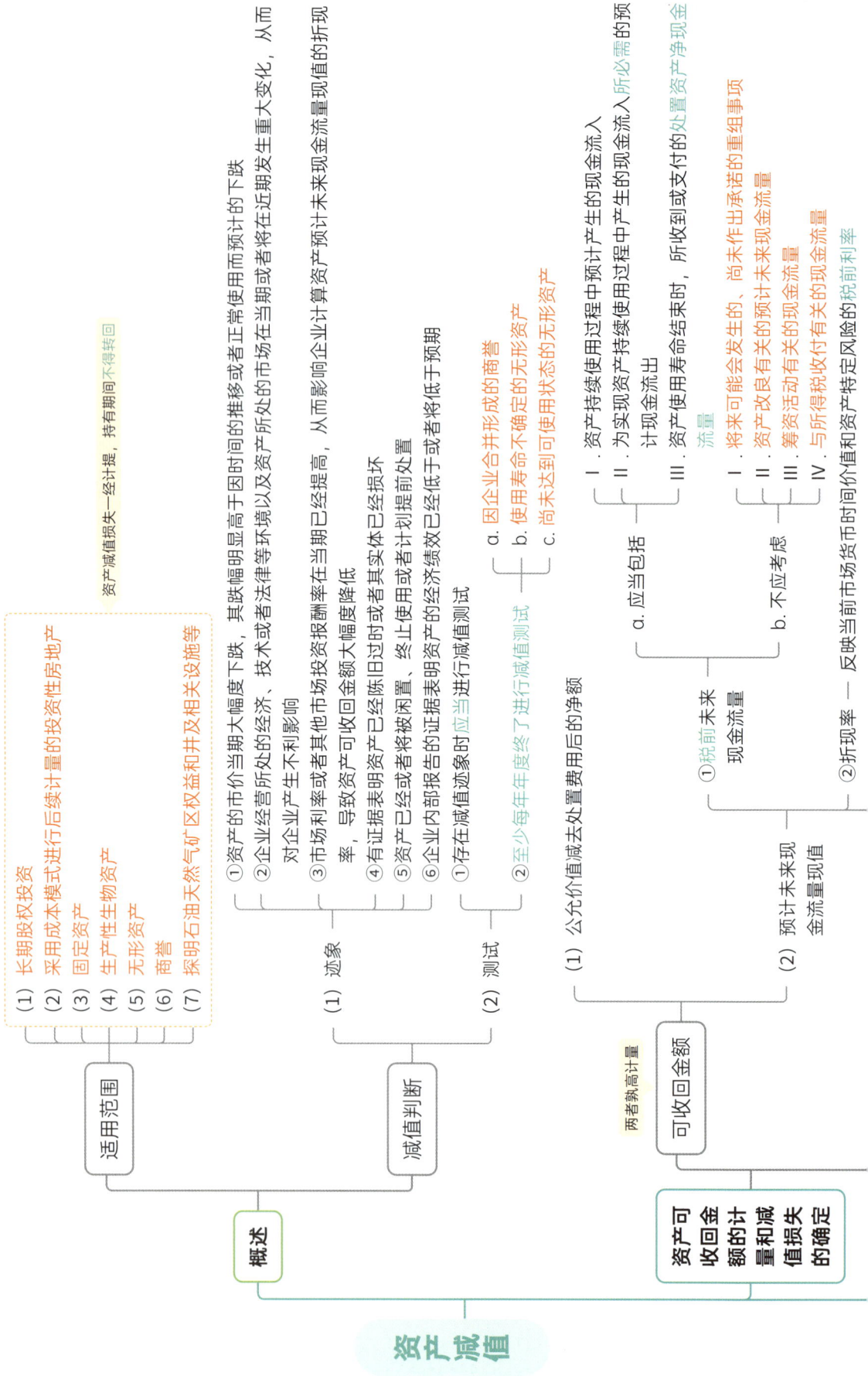

- 减值损失的确定
  - (1) 原则 — 资产的可收回金额低于账面价值，差额确认减值损失
  - (2) 会计处理
    - 借：资产减值损失
    - 贷：××资产减值准备

资产组减值的处理

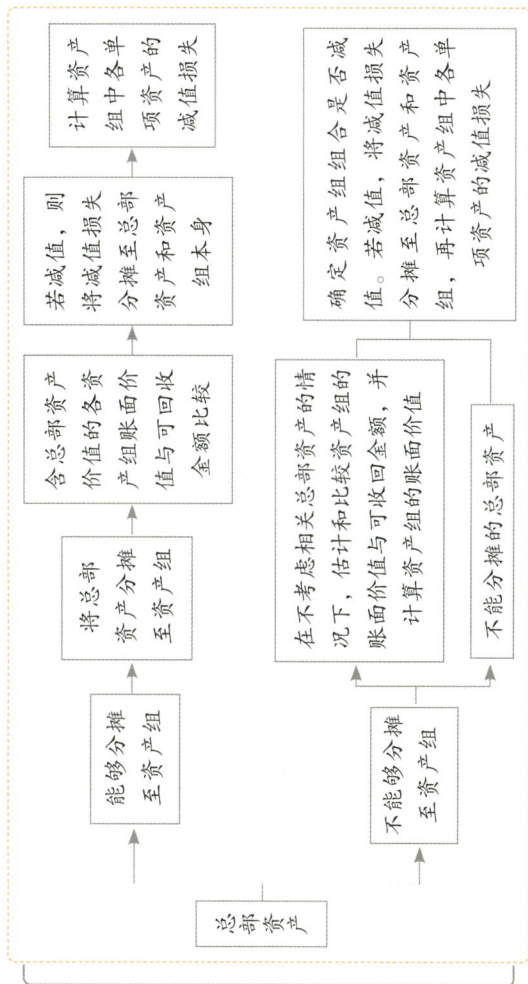

- 资产组的认定
  - (1) 指企业可以认定的最小资产组合，其产生的现金流入应当基本上独立于其他资产或者资产组
  - (2) 资产组一经确定，不得随意变更
  - (3) 考虑因素
    - ①资产组产生的主要现金流入是否独立于其他资产或者资产组
    - ②企业管理层对生产经营活动的管理或者监控方式，以及对资产的持续使用或者处置的决策方式等
- 资产组减值测试
  - (1) 确认减值损失
    - ①可收回金额（两者孰高）
      - a. 公允价值减去处置费用后的净额
      - b. 预计未来现金流量的现值
    - ②原则 — 资产组可收回金额低于账面价值，差额确认减值损失
  - (2) 分摊减值损失
    - ①抵减分摊至资产组中商誉的账面价值
    - ②按比例抵减其他资产账面价值
      - 抵减后的各资产的账面价值不得低于以下三者之中的最高者：
        - a. 该资产的公允价值减去处置费用后的净额。
        - b. 该资产预计未来现金流量的现值。
        - c. 零
    - ③未能分摊的减值损失金额，应当按照相关资产组中其他各项资产的账面价值所占比重继续进行分摊
- 总部资产减值测试
  - 总部资产
    - 能够分摊至资产组 → 将总部资产分摊至资产组 → 含总部资产价值的各资产组账面价值与可回收金额比较 → 若减值，则将减值损失分摊至总部资产和资产组本身 → 计算资产组中各单项资产的减值损失
    - 不能够分摊至资产组 → 在不考虑相关总部资产的情况下，估计和比较资产组的账面价值与可收回金额，并计算资产组的账面价值；不能分摊的总部资产 → 确定资产组组合是否减值。若减值，将减值损失分摊至总部资产和资产组，再计算资产组中各单项资产的减值损失

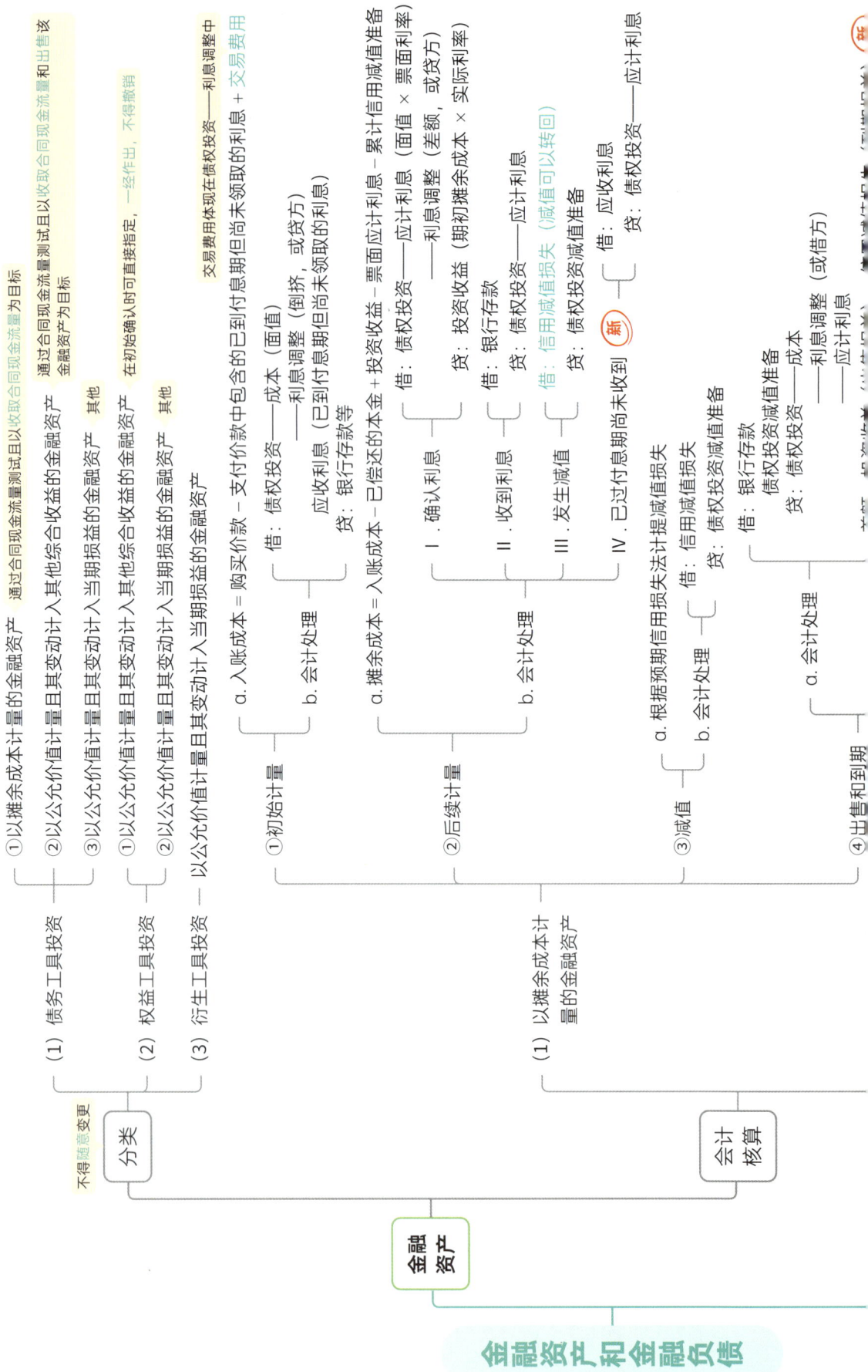

第八章 金融资产和金融负债

（考6分）

金融资产和金融负债

- **金融资产**
  - 分类（不得随意变更）
    - （1）债务工具投资
      - ①以摊余成本计量的金融资产：通过合同现金流量测试且以收取合同现金流量为目标
      - ②以公允价值计量且其变动计入其他综合收益的金融资产：通过合同现金流量测试且以收取合同现金流量和出售该金融资产为目标
      - ③以公允价值计量且其变动计入当期损益的金融资产：其他
    - （2）权益工具投资
      - ①以公允价值计量且其变动计入其他综合收益的金融资产：在初始确认时可直接指定，一经作出，不得撤销
      - ②以公允价值计量且其变动计入当期损益的金融资产：其他
    - （3）衍生工具投资 — 以公允价值计量且其变动计入当期损益的金融资产
  - 会计核算
    - （1）以摊余成本计量的金融资产
      - ①初始计量
        - a. 入账成本 = 购买价款 − 支付价款中包含的已到付息期但尚未领取的利息 + 交易费用（交易费用体现在债权投资——利息调整中）
        - b. 会计处理
          - 借：债权投资——成本（面值）
——利息调整（倒挤，或贷方）
应收利息（已到付息期但尚未领取的利息）
贷：银行存款等
      - ②后续计量
        - a. 摊余成本 = 入账成本 − 已偿还的本金 + 投资收益 − 票面应计利息 − 累计信用减值准备
        - b. 会计处理
          - Ⅰ. 确认利息
            - 借：债权投资——应计利息（面值 × 票面利率）
——利息调整（差额，或贷方）
贷：投资收益（期初摊余成本 × 实际利率）
          - Ⅱ. 收到利息
            - 借：银行存款
贷：债权投资——应计利息
          - Ⅲ. 发生减值
            - 借：信用减值损失（减值可以转回）
贷：债权投资减值准备
          - Ⅳ. 已过付息期尚未收到（新）
            - 借：应收利息
贷：债权投资——应计利息
      - ③减值
        - a. 根据预期信用损失法计提减值损失
        - b. 会计处理
          - 借：信用减值损失
贷：债权投资减值准备
      - ④出售和到期
        - a. 会计处理
          - 借：银行存款
债权投资减值准备
贷：债权投资——成本
——利息调整（或借方）
——应计利息

c. 持有期间损益 = 出售损益 + 确认利息时的投资收益 − 信用减值损失

(2) 以公允价值计量且其变动计入其他综合收益的金融资产 交易费用计入初始取得成本

科目	其他债权投资	其他权益工具投资
入账成本	购买价款 − 实付价款中的应收未收利息 + 交易费用	购买价款 − 实付价款中的应收未收股利 + 交易费用
初始计量	借：其他债权投资——成本（面值） ——利息调整（差额，或贷方） 应收利息（已到付息期但尚未领取的利息） 贷：银行存款	借：其他权益工具投资——成本 应收股利 贷：银行存款
后续计量	确认利息： 借：其他债权投资——应计利息（面值 × 票面利率） ——利息调整（差额，或贷方） 贷：投资收益（期初摊余成本 × 实际利率）	确认股利： 借：应收股利 贷：投资收益
后续计量	收到利息： 借：银行存款 贷：其他债权投资——应计利息 已过付息期但尚未收到的利息：新 借：应收利息 贷：其他债权投资——应计利息	收到股利： 借：银行存款 贷：应收股利
后续计量	公允价值变动： 借或贷：其他债权投资——公允价值变动 贷或借：其他综合收益——其他债权投资公允价值变动	公允价值变动： 借或贷：其他权益工具投资——公允价值变动 贷或借：其他综合收益
后续计量	发生减值： 借：信用减值损失 贷：其他综合收益——信用减值准备	不提减值
出售	借：银行存款 其他综合收益——信用减值准备 贷：其他债权投资——成本 ——利息调整（或借方） ——公允价值变动（或借方） ——应计利息 差额：投资收益 同时： 借或贷：其他综合收益——其他债权投资公允价值变动 新 贷或借：投资收益	借：银行存款 贷：其他权益工具投资——成本 ——公允价值变动（或借方） 差额：利润分配——未分配利润 同时： 借或贷：其他综合收益 贷或借：利润分配——未分配利润

涉及留存收益（利润分配——未分配利润）的部分，若题目要求提取盈余公积，则还需按比例计提盈余公积

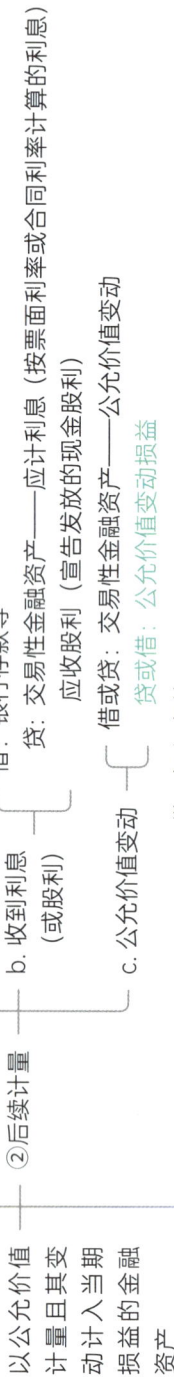

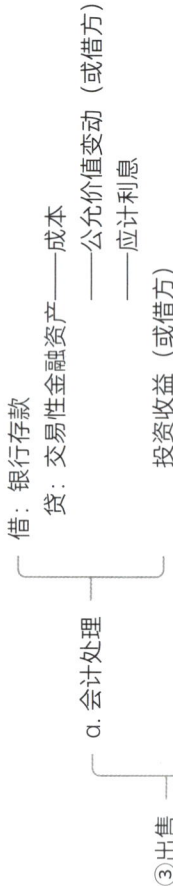

金融资产和金融负债

金融资产

会计核算

(2) 以公允价值计量且其变动计入其他综合收益的金融资产　交易费用计入初始取得成本

续表

科目	其他债权投资	其他权益工具投资
到期收回 新	借：银行存款 　其他综合收益——信用减值准备 贷：其他债权投资——成本 　　——利息调整（或借方） 　　——公允价值变动（或借方） 　　——应计利息 差额：信用减值损失 借或贷：其他综合收益——其他债权投资公允价值变动 贷或借：信用减值损失	—
出售损益	出售所得价款 − 其他债权投资账面价值 + 其他综合收益	不影响损益（损失或利得转入留存收益）
持有期间损益	出售损益 + 确认利息时的投资收益 − 信用减值损失	确认股利时的投资收益

(3) 以公允价值计量且其变动计入当期损益的金融资产

- ①初始计量
  - a. 入账成本 = 购买价款 − 购买价款中包含的应收未收股利（利息）　交易费用计入投资收益
  - b. 会计处理
    - 借：交易性金融资产——成本（公允价值）
      - 投资收益（交易费用）
      - 应收利息 / 应收股利（购买价款中包含的应收未收利息或股利）
    - 贷：银行存款
- ②后续计量
  - a. 确认利息（或股利）
    - 借：交易性金融资产——应计利息（按票面利率或合同利率计算的利息）
      - 应收股利（宣告发放的现金股利）
    - 贷：投资收益

    如果是债务工具投资，计算的利息也可以不单独确认，而是通过“交易性金融资产——公允价值”综合反映
  - b. 收到利息（或股利）
    - 借：银行存款等
    - 贷：交易性金融资产——应计利息（按票面利率或合同利率计算的利息）
      - 应收股利（宣告发放的现金股利）
  - c. 公允价值变动
    - 借或贷：交易性金融资产——公允价值变动
    - 贷或借：公允价值变动损益
- ③出售
  - a. 会计处理
    - 借：银行存款
    - 贷：交易性金融资产——成本
      - ——公允价值变动（或借方）
      - ——应计利息
      - 投资收益（或借方）
  - b. 出售损益 = 出售所得价款 − 交易性金融资产账面价值
  - c. 持有期间损益 = 出售损益 − 交易费用 + 确认利息或股利时的投资收益 + 公允价值变动损益

重分类

(1) 原则

②债务工具投资

- a. 管理金融资产的业务模式变更可以重分类
- b. 其他不得重分类

(2) 会计处理

①以摊余成本计量的金融资产的重分类

金融资产重分类	以摊余成本计量的金融资产→以公允价值计量且其变动计入当期损益的金融资产	以摊余成本计量的金融资产→以公允价值计量且其变动计入其他综合收益的金融资产
会计分录	借：交易性金融资产——成本（公允价值） 　　债权投资减值准备 　贷：债权投资——成本 　　　　　　——应计利息 　　　　　　——利息调整（或借方） 差额：公允价值变动损益	借：其他债权投资（公允价值） 　贷：债权投资——成本 　　　　　　——应计利息 　　　　　　——利息调整（或借方） 差额：其他综合收益——其他债权投资公允价值变动 同时： 借：债权投资减值准备 　贷：其他综合收益——信用减值准备

②以公允价值计量且其变动计入其他综合收益的金融资产的重分类

视同该金融资产一直以摊余成本计量

金融资产重分类	以公允价值计量且其变动计入其他综合收益的金融资产→以摊余成本计量的金融资产	以公允价值计量且其变动计入其他综合收益的金融资产→以公允价值计量且其变动计入当期损益的金融资产
会计分录	借：债权投资 　贷：其他债权投资 　　　其他综合收益——其他债权投资公允价值变动（或借方） 同时： 借：其他综合收益——信用减值准备 　贷：债权投资减值准备	借：交易性金融资产（公允价值） 　贷：其他债权投资 借或贷：其他综合收益 　贷或借：公允价值变动损益

③以公允价值计量且其变动计入当期损益的金融资产的重分类

金融资产重分类	以公允价值计量且其变动计入当期损益的金融资产→以摊余成本计量的金融资产	以公允价值计量且其变动计入当期损益的金融资产→以公允价值计量且其变动计入其他综合收益的金融资产
会计分录	借：债权投资（公允价值） 　贷：交易性金融资产 重分类日存在预期信用损失的： 借：信用减值损失 　贷：债权投资减值准备	借：其他债权投资（公允价值） 　贷：交易性金融资产 重分类日存在预期信用损失的： 借：信用减值损失 　贷：其他综合收益——信用减值准备

金融负债

分类（不得重分类）

(1) 以公允价值计量且其变动计入当期损益的金融负债
(2) 以摊余成本计量的金融负债
(3) 不符合终止确认条件的金融资产转移或继续涉入被转移金融资产所形成的金融负债
(4) 其他财务担保合同和其他以低于市场利率贷款的贷款承诺

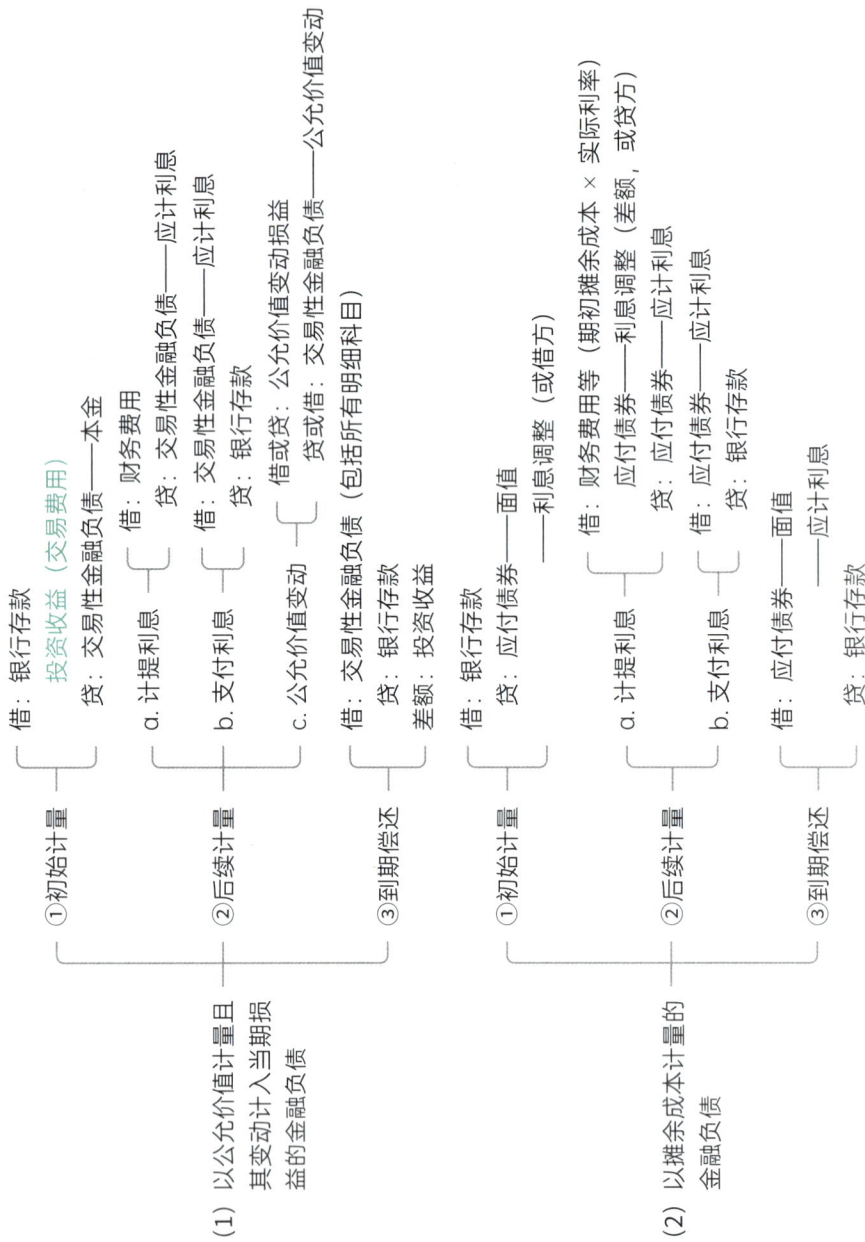

金融资产和金融负债

金融负债

会计核算

- （1）以公允价值计量且其变动计入当期损益的金融负债
  - ①初始计量
    - 借：银行存款
    - 　投资收益（交易费用）
    - 　贷：交易性金融负债——本金
  - ②后续计量
    - a. 计提利息
      - 借：财务费用
      - 　贷：交易性金融负债——应计利息
    - b. 支付利息
      - 借：交易性金融负债——应计利息
      - 　贷：银行存款
    - c. 公允价值变动
      - 借或贷：公允价值变动损益
      - 　贷或借：交易性金融负债——公允价值变动
  - ③到期偿还
    - 借：交易性金融负债（包括所有明细科目）
    - 　贷：银行存款
    - 差额：投资收益
- （2）以摊余成本计量的金融负债
  - ①初始计量
    - 借：银行存款
    - 　贷：应付债券——面值
    - 　　　　　　——利息调整（或借方）
  - ②后续计量
    - a. 计提利息
      - 借：财务费用等（期初摊余成本 × 实际利率）
      - 　　应付债券——利息调整（差额，或贷方）
      - 　贷：应付债券——应计利息
    - b. 支付利息
      - 借：应付债券——应计利息
      - 　贷：银行存款
  - ③到期偿还
    - 借：应付债券——面值
    - 　　　　　——应计利息
    - 　贷：银行存款

笔记区

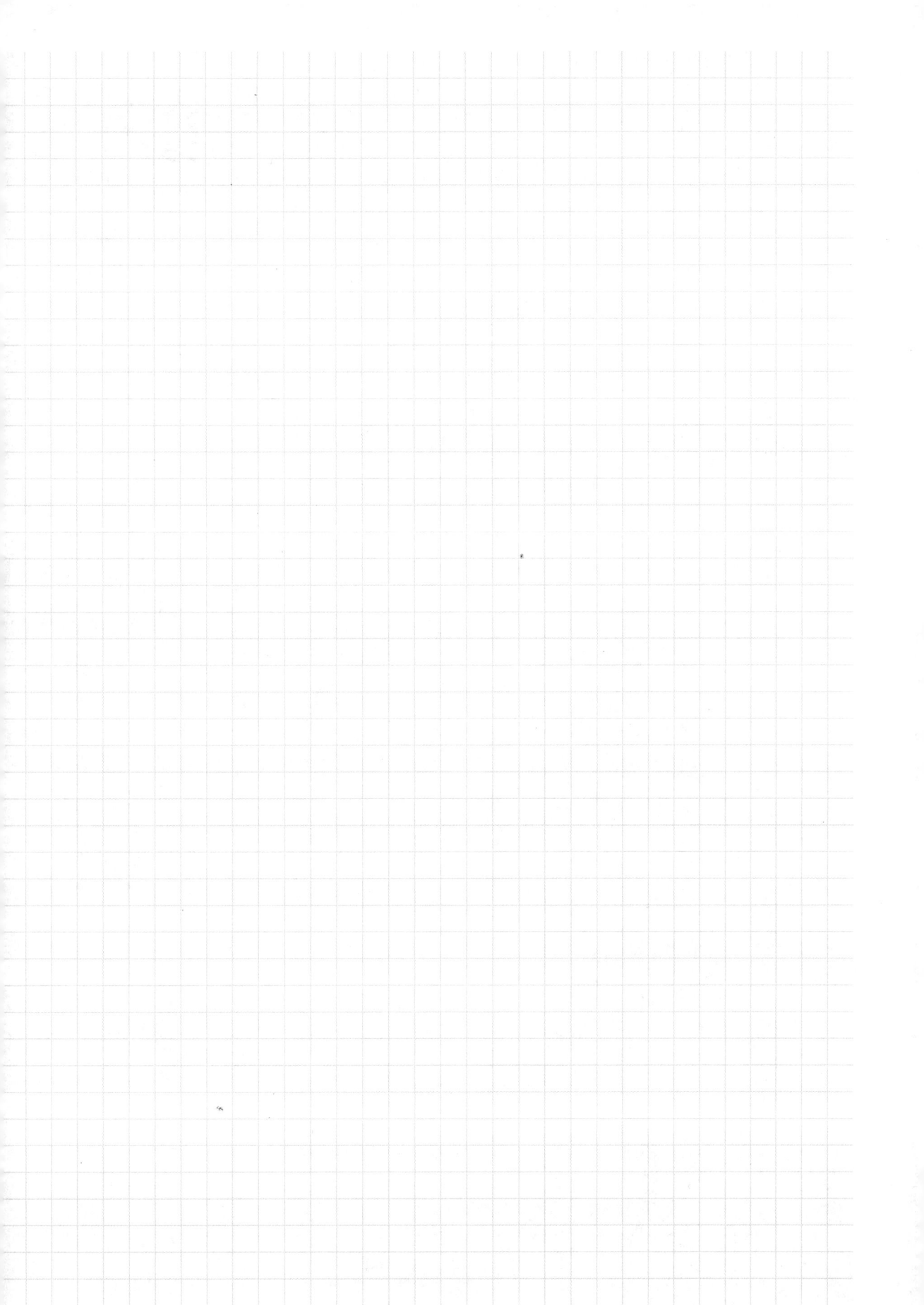

第九章 职工薪酬

（考3分）

职工薪酬

范围

与企业订立劳动合同的所有人员

含全职、兼职、临时职工、劳务派遣人员及未与企业订立劳动合同但由企业正式任命的人员

核算内容

类别	内容
短期薪酬	职工工资、奖金、津贴和补贴，职工福利费，医疗保险费、工伤保险费和生育保险费等，住房公积金，工会经费和职工教育经费，短期带薪缺勤，短期利润分享计划，非货币性福利，其他短期薪酬
离职后福利	基本养老保险、失业保险，退休福利，其他离职后福利
辞退福利	辞退职工补偿金、内退职工工资等
其他长期职工福利	长期带薪缺勤、其他长期服务福利、长期残疾福利、长期利润分享计划和长期奖金计划等

短期薪酬

（1）货币性短期薪酬

①总体原则 — 根据受益对象进行分配

②会计分录

借：生产成本（生产车间工人的薪酬）
　　制造费用（生产车间管理人员的薪酬）
　　管理费用（行政管理部门人员的薪酬）
　　销售费用（销售部门人员的薪酬）
　　研发支出（从事研发活动人员的薪酬）
　　在建工程（从事工程建设人员的薪酬）
　贷：应付职工薪酬

（2）非货币性福利

如果企业为增值税一般纳税人，计入职工薪酬的金额中包括增值税

情形	购入时	发放时	分配时
自产产品	不涉及	借：应付职工薪酬 　贷：主营业务收入 　　应交税费——应交增值税（销项税额） 借：主营业务成本 　贷：库存商品	借：生产成本 　　管理费用 　　在建工程 　　研发支出等 　贷：应付职工薪酬
外购商品	已抵扣进项税额时： 借：库存商品等 　　应交税费——应交增值税（进项税额） 　贷：银行存款等	借：应付职工薪酬 　贷：库存商品等 　　应交税费——应交增值税（进项税额转出）	
	未抵扣进项税额时： 借：库存商品（含税） 　贷：银行存款等	借：应付职工薪酬 　贷：库存商品（含税）	

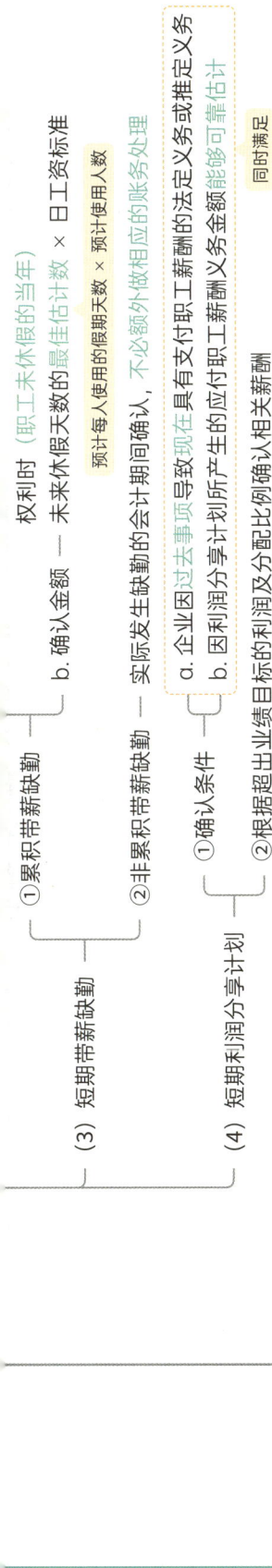

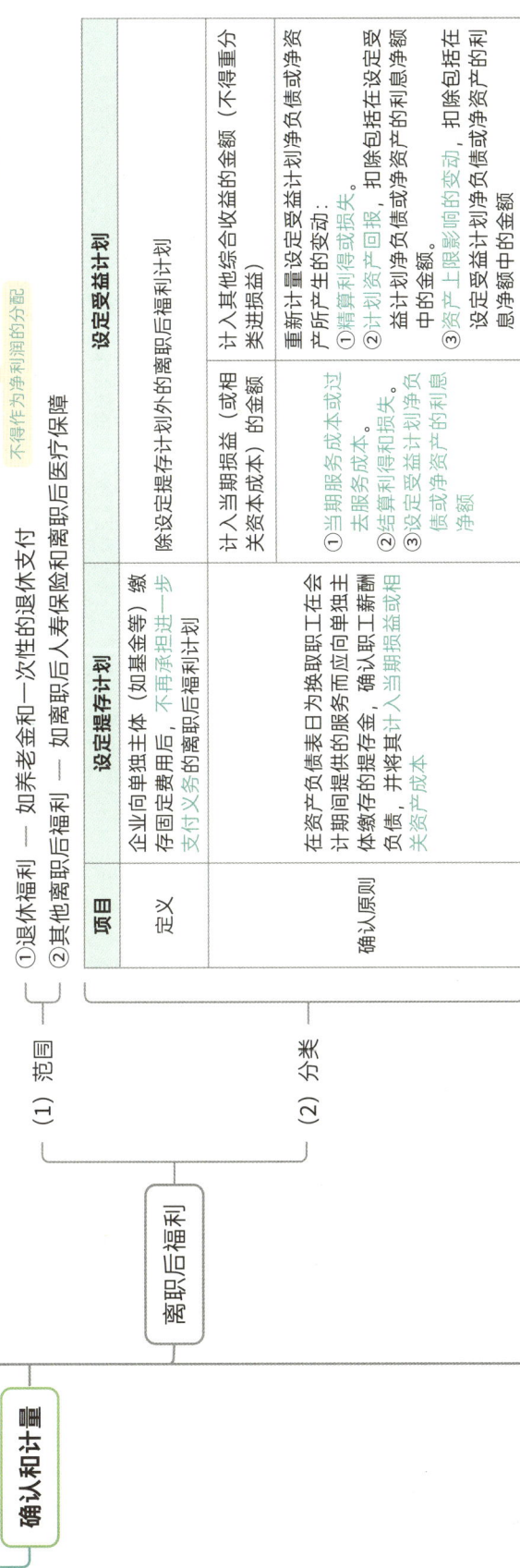

确认和计量

- （3）短期带薪缺勤
  - ①累积带薪缺勤
    - 权利时（职工未休假的当年）
    - b. 确认金额 — 未来休假天数的最佳估计数 × 日工资标准
      - 预计每人使用的假期天数 × 预计使用人数
  - ②非累积带薪缺勤 — 实际发生缺勤的会计期间确认，不必额外做相应的账务处理
- （4）短期利润分享计划
  - ①确认条件（同时满足）
    - a. 企业因过去事项导致现在具有支付职工薪酬的法定义务或推定义务
    - b. 因利润分享计划所产生的应付职工薪酬义务金额能够可靠估计
  - ②根据超出业绩目标的利润及分配比例确认相关薪酬
    - 不得作为净利润的分配

离职后福利

- （1）范围
  - ①退休福利 — 如养老金和一次性的退休支付
  - ②其他离职后福利 — 如离职后人寿保险和离职后医疗保障
- （2）分类

项目	设定提存计划	设定受益计划	
定义	企业向单独主体（如基金等）缴存固定费用后，不再承担进一步支付义务的离职后福利计划	除设定提存计划外的离职后福利计划	
确认原则	在资产负债表日为换取职工在会计期间提供的服务而应向单独主体缴存的提存金，确认职工薪酬负债，并将其计入当期损益或相关资产成本	计入当期损益（或相关资产成本）的金额	计入其他综合收益的金额（不得重分类进损益）
		①当期服务成本或过去服务成本。 ②结算利得和损失。 ③设定受益计划净负债或净资产的利息净额	重新计量设定受益计划净负债或净资产所产生的变动： ①精算利得或损失。 ②计划资产回报，扣除包括在设定受益计划净负债或净资产的利息净额中的金额。 ③资产上限影响的变动，扣除包括在设定受益计划净负债或净资产的利息净额中的金额

在原设定受益计划终止时，企业应当在权益范围内将原计入其他综合收益的部分全部结转至未分配利润

辞退福利

- 计入管理费用
  - 企业实施内部退休计划的，在其正式退休前比照辞退福利处理

其他长期职工福利

- （1）符合相关条件的，参照设定提存计划或设定受益计划处理
- （2）预期在年度报告期间期末后 12 个月内不能完全支付的辞退福利，适用其他长期职工福利相关规定
  - 企业应当选择恰当的折现率，以折现后的金额计量应计入当期损益的辞退福利金额
- （3）报告期末，企业应当将其他长期职工福利产生的职工薪酬的总净额计入当期损益或相关资产成本
  - 包括服务成本、其他长期职工福利净负债或净资产的利息净额和重新计量其他长期职工福利净负债或净资产所产生的变动

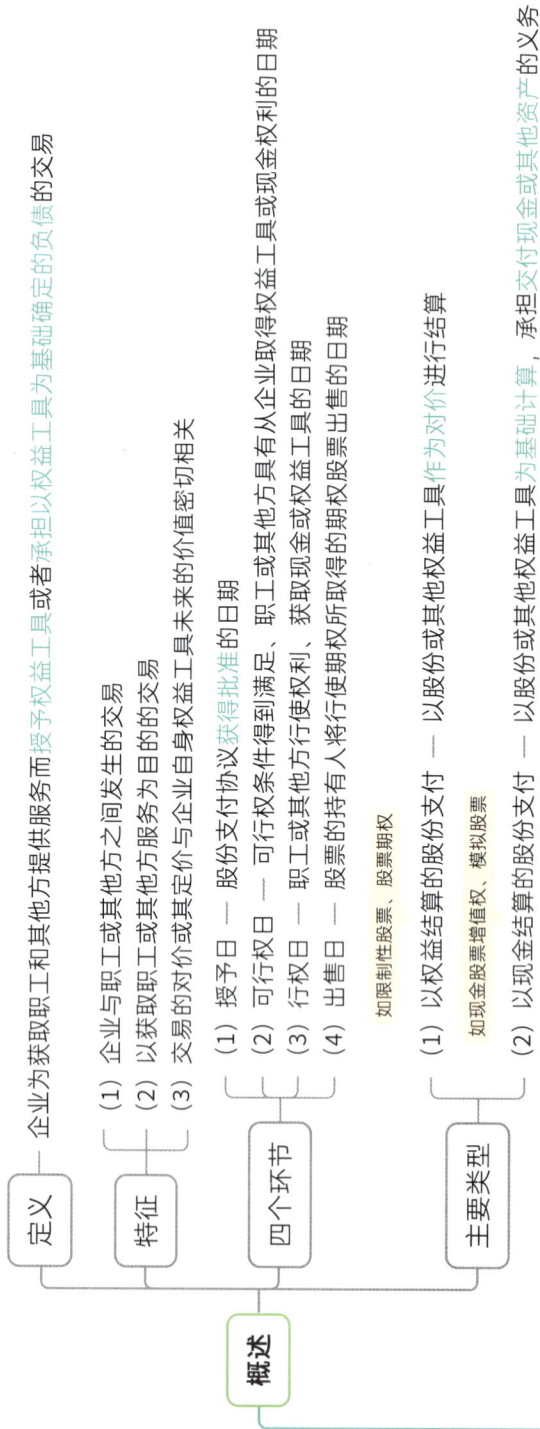

第十章 股份支付

（考 4 分）

股份支付

概述

- 定义 — 企业为获取职工和其他方提供服务而授予权益工具或者承担以权益工具为基础确定的负债的交易
- 特征
  - （1）企业与职工或其他方之间发生的交易
  - （2）以获取职工或其他方服务为目的的交易
  - （3）交易的对价或其定价与企业自身权益工具未来的价值密切相关
- 四个环节
  - （1）授予日 — 股份支付协议获得批准的日期
  - （2）可行权日 — 可行权条件得到满足、职工或其他方具有从企业取得权益工具或现金权利的日期
  - （3）行权日 — 职工或其他方行使权利、获取现金或权益工具的日期
  - （4）出售日 — 股票的持有人将行使期权所取得的期权股票出售的日期
- 主要类型
  - （1）以权益结算的股份支付 — 以股份或其他权益工具作为对价进行结算（如限制性股票、股票期权）
  - （2）以现金结算的股份支付 — 以股份或其他权益工具为基础计算，承担交付现金或其他资产的义务（如现金股票增值权、模拟股票）

股份支付的确认和计量原则及会计处理

时间		以权益结算的股份支付（换取职工服务）	以现金结算的股份支付
授予日	立即可行权	借：管理费用等 贷：资本公积——股本溢价（授予日权益工具的公允价值）	借：管理费用等 贷：应付职工薪酬 按授予日企业承担负债的公允价值计量，并在结算前的每个资产负债表日和结算日对负债的公允价值重新计量，将其变动计入当期损益
	非立即可行权	在授予日不做会计处理	在授予日不做会计处理
等待期的每个资产负债表日		以对可行权权益工具数量的最佳估计为基础，按照权益工具在授予日的公允价值，将当期取得的服务计入相关资产成本或当期费用，同时计入资本公积，会计分录为： 借：管理费用等 贷：资本公积——其他资本公积（授予日权益工具的公允价值 × 预计行权最佳估计数 × 时间权重 − 上期余额）	以对可行权权益工具数量的最佳估计为基础，按照每个资产负债表日权益工具的公允价值重新计量，确定成本费用和应付职工薪酬，会计分录为： 借：管理费用等 贷：应付职工薪酬（资产负债表日负债公允价值 × 预计行权最佳估计数 × 时间权重 − 上期余额）
		业绩条件为非市场条件的，后续信息需要调整对可行权情况的估计的，应对前期估计进行修改	

续表

<table>
<tr><th>时间</th><th colspan="2">以权益结算的股份支付（换取职工服务）</th><th>以现金结算的股份支付</th></tr>
<tr><td>可行权日之后</td><td colspan="2">不再对已确认的成本费用和所有者权益总额进行调整</td><td>不再确认成本费用，负债公允价值的变动应当计入当期损益，会计分录为：
借或贷：公允价值变动损益
贷或借：应付职工薪酬</td></tr>
<tr><td rowspan="2">行权日</td><td>发行新股</td><td>借：银行存款
资本公积——其他资本公积
贷：股本
资本公积——股本溢价</td><td rowspan="2">借：应付职工薪酬
贷：银行存款（实际支付的现金）</td></tr>
<tr><td>回购股份</td><td>（1）回购股份时：
借：库存股（公允价值）
贷：银行存款
（2）行权时：
借：银行存款（行权价）
资本公积——其他资本公积（等待期内累计的资本公积）
贷：库存股
资本公积——股本溢价（差额）</td></tr>
</table>

确认和计量

以权益结算的股份支付

（1）换取其他方服务的股份支付

①按照在取得日其他方提供服务的公允价值，将其计入相关资产成本或费用

其他方服务的公允价值不能可靠计量，但权益工具的公允价值能够可靠计量时

②按照在服务取得日权益工具的公允价值，将其计入相关资产成本或费用

权益工具公允价值的确定应当以市场价格为基础，如果没有活跃的交易市场，则应当考虑估值技术

（2）权益工具公允价值无法可靠确定

①以内在价值计量该权益工具，内在价值的变动应计入当期损益

对以内在价值计量的已授予权益工具进行结算，应当遵循以下要求：
a. 结算发生在等待期内的，企业应当将结算作为加速可行权处理，立即确认本应于剩余等待期内确认的服务金额。
b. 结算时支付的款项应当作为回购该权益工具处理，即减少所有者权益。结算支付的款项高于该权益工具在回购日内在价值的部分，计入当期损益

②应以最终可行权或实际行权的权益工具数量为基础，确认取得服务的金额

股份支付

确认和计量

可行权条件

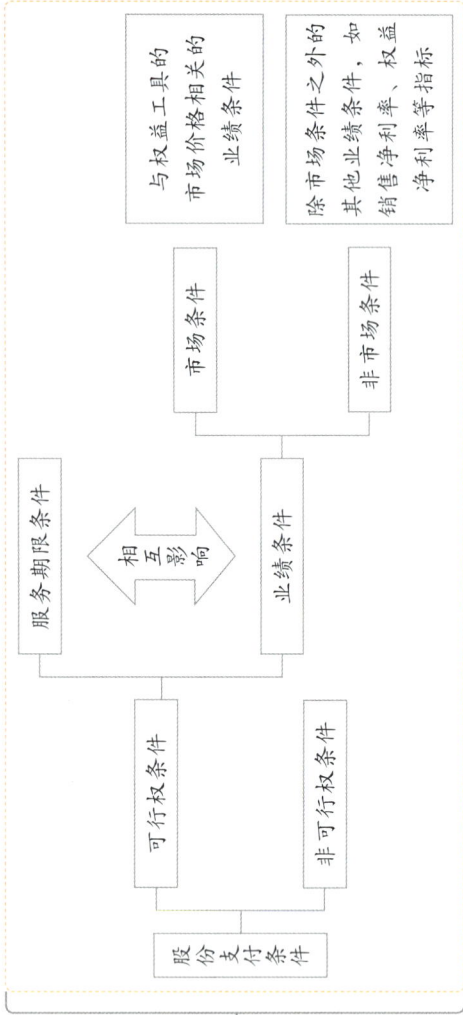

- （1）种类
  - 股份支付条件
    - 可行权条件
      - 服务期限条件
      - 业绩条件（服务期限条件与业绩条件相互影响）
        - 市场条件：与权益工具的市场价格相关的业绩条件
        - 非市场条件：除市场条件之外的其他业绩条件，如销售净利率、权益净利率等指标
    - 非可行权条件
- （2）修改
  - ①有利于授予对象（应确认导致股份支付公允价值总额升高及其他对职工有利修改的影响）
    - a. 增加了所授予的权益工具的公允价值
    - b. 增加了所授予的权益工具的数量
    - c. 以有利于职工的方式修改（如缩短等待期、变更或取消业绩条件（非市场条件））
  - ②不利于授予对象（视同该变更从未发生）
    - a. 修改减少了授予的权益工具的公允价值
    - b. 修改减少了授予的权益工具的数量
    - c. 以不利于职工的方式修改（如延长等待期、增加或变更业绩条件（非市场条件））
- （3）取消或结算（职工自愿退出股权激励计划属于股权激励计划的取消）
  - ①作为加速可行权处理
    - 借：管理费用等
    - 贷：资本公积——其他资本公积（剩余等待期应确认的金额）
  - ②支付给职工的所有款项作为权益的回购处理
    - 借：资本公积——其他资本公积（等待期内累计确认的金额）
    - 管理费用等（差额）
    - 贷：银行存款（支付价款）
- （4）作废 — 未满足提前设定的非市场条件而被取消，其实质为作废，应冲减前期已确认的相关成本或费用

企业集团内涉及不同企业的股份支付交易的会计处理

- 分类原则
  - （1）结算企业以其本身权益工具结算 — 作为以权益结算的股份支付
  - （2）其他情形 — 作为以现金结算的股份支付
- 结算企业（母公司）以其本身权益工具结算，接受服务企业（子公司）没有结算义务
  - （1）结算企业作为以权益结算的股份支付
    - 借：长期股权投资
    - 贷：资本公积——其他资本公积
  - （2）接受服务企业作为以权益结算的股份支付
    - 借：管理费用等
    - 贷：资本公积——其他资本公积
- 结算企业（母公司）以现金结算或者以集团内其他企业权益工具结算，接受服务企业（子公司）没有结算义务
  - （1）结算企业作为以现金结算的股份支付
    - 借：长期股权投资
    - 贷：应付职工薪酬
  - （2）接受服务企业作为以权益结算的股份支付
    - 借：管理费用等
    - 贷：资本公积——其他资本公积

笔记区

第十一章 借款费用

（考 4 分）

借款费用

- **范围**：借款利息、折价或者溢价的摊销、辅助费用及因外币借款而发生的汇兑差额等（不包括权益性融资费用）
- **资本化期间**
  - 开始（同时满足，孰晚的时点）
    - （1）资产支出已经发生
    - （2）借款费用已经发生
    - （3）为使资产达到预定可使用状态所必要的生产活动已经开始
  - 暂停（暂停期间借款费用计入当期损益）
    - （1）条件（同时满足）
      - ①非正常中断
      - ②中断时间连续超过 3 个月
    - （2）中断

项目	概念	案例
正常中断（继续资本化）	使资产达到预定可使用或者可销售状态必要的程序，或者事先可预见的不可抗力因素导致的中断	①必要的质量或者安全检查。 ②北方冰冻季节。 ③南方梅雨季节等
非正常中断（暂停资本化）	由于企业管理决策上的原因或者其他不可预见的原因等所导致的中断	①企业因与施工方发生了质量纠纷。 ②工程、生产用料没有及时供应。 ③资金周转发生了困难。 ④施工、生产发生了安全事故。 ⑤发生了劳动纠纷等

  - 停止：达到预定可使用或者可销售状态（需要试生产的，试生产结果表明资产能够正常生产运转时）
- **计量**
  - 原则：每一会计期间的利息资本化金额不应当超过当期相关借款实际发生的利息金额
  - 专门借款
    - （1）专门借款资本化期间的确定
    - （2）计算资本化期间专门借款的全部利息金额
    - （3）计算资本化期间闲置资金收益
    - （4）资本化金额 = 资本化期间全部利息金额 − 资本化期间闲置资金收益（非资本化期间闲置资金收益冲减当期财务费用）
    - （5）费用化金额 = 全年专门借款利息金额 − 资本化金额

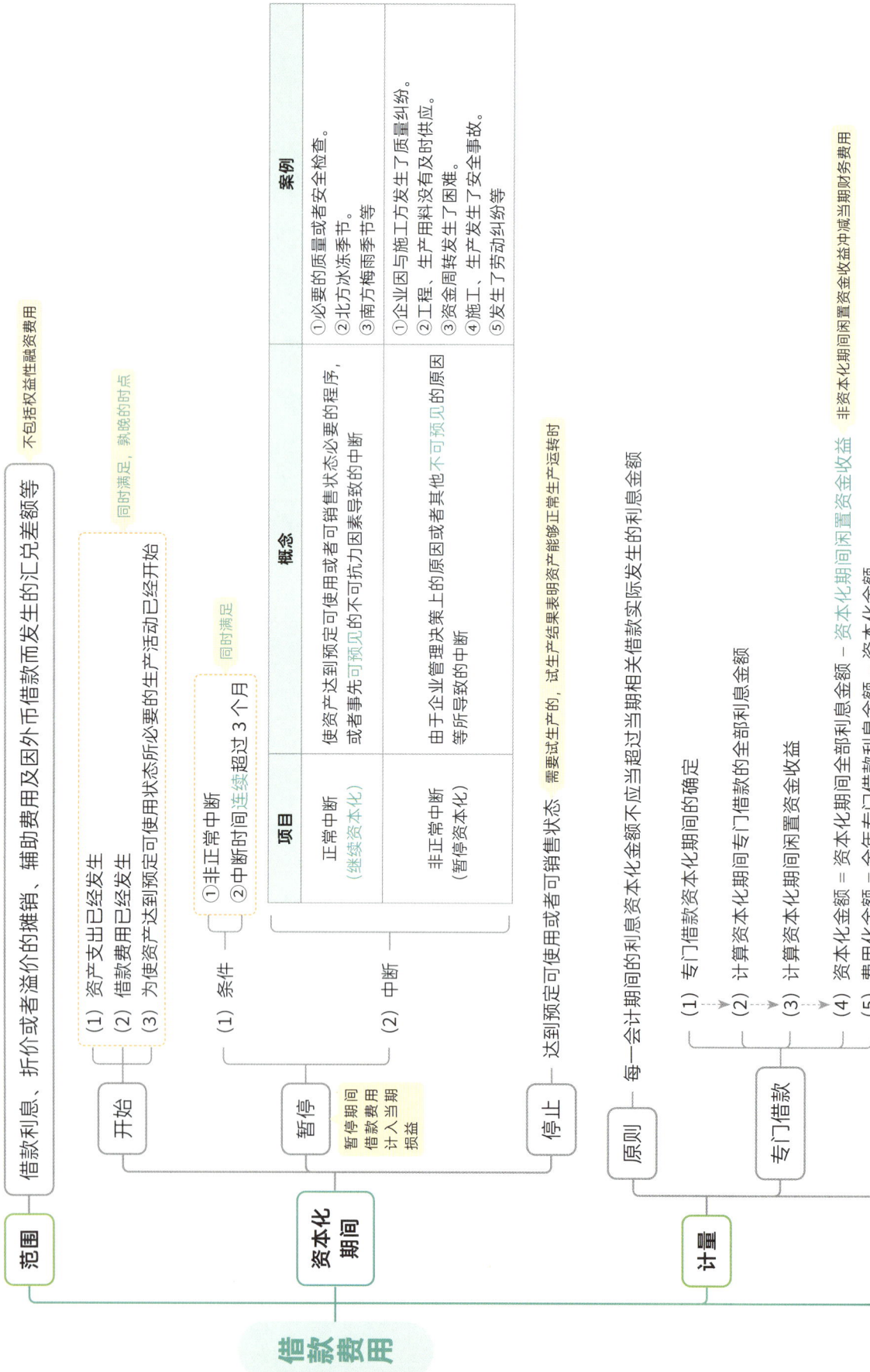

无须考虑闲置资金收益的问题

一般借款

（1）资本化金额 = 累计资产支出超过专门借款部分的资产支出加权平均数 × 所占用一般借款的资本化率

①累计资产支出加权平均数 = Σ（每笔资产支出金额 × 每笔资产支出在当期所占用的天数 / 当期天数）

②所占用一般借款的资本化率（年）= 所占用一般借款当期实际发生的利息之和 / 所占用一般借款本金加权平均数

所占用一般借款本金加权平均数 = Σ（所占用每笔一般借款本金 × 每笔一般借款在当期所占用的天数 / 当期天数）

（2）费用化金额 = 一般借款全部利息金额 − 资本化金额

专门借款 + 一般借款：先使用专门借款，专门借款不足时再使用一般借款，不同性质的借款分别按上述原则处理

会计处理

资金来源	会计处理
长期借款	借：财务费用（费用化部分） 在建工程等（资本化部分） 银行存款（专门借款闲置资金收益） 贷：长期借款——应计利息
一般公司债券	借：财务费用（费用化部分） 在建工程等（资本化部分） 银行存款（专门借款闲置资金收益） 贷：应付债券——利息调整（或借方） ——应计利息（面值 × 票面利率）

外币借款

资本化期间内，外币专门借款本金及其利息的汇兑差额应予资本化

其他外币借款本金及其利息的汇兑差额计入当期损益（财务费用）

笔记区

第十二章 或有事项

(考2分)

或有事项

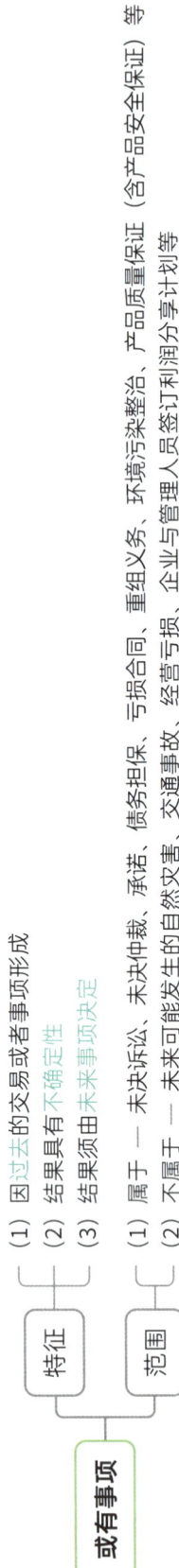

- 或有事项
  - 特征
    - (1) 因过去的交易或者事项形成
    - (2) 结果具有不确定性
    - (3) 结果须由未来事项决定
  - 范围
    - (1) 属于 — 未决诉讼、未决仲裁、承诺、债务担保、亏损合同、重组义务、环境污染整治、产品质量保证（含产品安全保证）等
    - (2) 不属于 — 未来可能发生的自然灾害、交通事故、经营亏损、企业与管理人员签订利润分享计划等
- 或有负债和预计负债
  - 或有负债
    - (1) 潜在义务
      - ①通过未来不确定事项的发生或不发生予以证实
      - ②结果取决于未来不确定事项的可能义务
    - (2) 现时义务
      - ①履行该义务不是很可能导致经济利益流出企业
      - ②履行该义务的金额不能可靠地计量
    - (3) 披露 — 不能确认但应当披露，除非有极小的可能导致经济利益流出
  - 评估符合预计负债确认条件时 → 预计负债
  - 预计负债
    - (1) 确认条件（同时满足）
      - ①该义务是企业承担的现时义务
      - ②履行该义务很可能导致经济利益流出企业
      - ③该义务的金额能够可靠地计量

基本确定	95% ＜发生的可能性＜ 100%
很可能	50% ＜发生的可能性≤ 95%
可能	5% ＜发生的可能性≤ 50%
极小可能	0 ＜发生的可能性≤ 5%

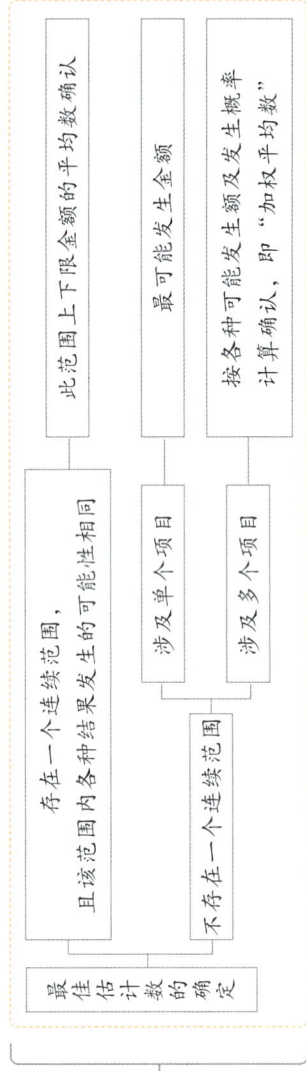

- (2) 计量
  - ① 最佳估计数的确定
    - 存在一个连续范围，且该范围内各种结果发生的可能性相同 — 此范围上下限金额的平均数确认
    - 不存在一个连续范围
      - 涉及单个项目 — 最可能发生金额
      - 涉及多个项目 — 按各种可能发生额及发生概率计算确认，即“加权平均数”
  - ②考虑因素
    - a. 不确定时谨慎判断，不高估收入或资产，不低估费用或负债
    - b. 若货币时间价值影响重大，则应考虑现值计量预计负债金额
    - c. 考虑可能影响履行现时义务所需金额的相关未来事项
      - Ⅰ．未来技术进步
      - Ⅱ．相关法规出台
    - 不应考虑预期处置相关资产形成的利得
- 清偿预计负债的支出预期由其他方补偿

或有资产和资产

- 或有资产
  - （1）定义
    - ①由过去的交易或事项形成的潜在资产
    - ②须通过未来不确定事项的发生或不发生予以证实
  - （2）披露
    - ①通常不应当披露或有资产
    - ②很可能带来经济利益的，不能确认但应披露
- 评估符合资产确认条件时 → 资产
- 资产
  - （1）确认条件
    - ①与或有资产相关的经济利益基本确定能够流入企业
    - ②金额能够可靠计量
  - （2）计量
    - ①原则
      - a. 确认的补偿金额不应超过所确认预计负债的账面价值
      - b. 通过“其他应收款”核算，不得冲减“预计负债”账面价值
    - ②会计处理
      - a. 基本确定能够收到补偿款时
        - 借：其他应收款
        -   贷：营业外支出等
      - b. 收到补偿款时
        - 借：银行存款等
        -   贷：其他应收款
        -     营业外收入（超过原确认的部分）

应用

- 未决诉讼或未决仲裁
  - 借：管理费用（诉讼费）
  -   营业外支出（预计赔偿支出）
  -   贷：预计负债
- 债务担保

债务担保涉及未决诉讼的阶段	会计分录
已被判决败诉，且不再上诉	借：营业外支出 贷：其他应付款
已被判决败诉，但企业正在上诉，或暂缓执行、发回重审 尚未判决，但有可能败诉，且损失金额能合理估计	借：营业外支出 贷：预计负债

- 产品质量保证
  - 借：主营业务成本
  -   贷：预计负债
  - ①若实际发生额与预计数额相差较大，则应及时调整预计比例。
  - ②若相关保证义务不存在时，则冲销预计负债及主营业务成本

笔记区

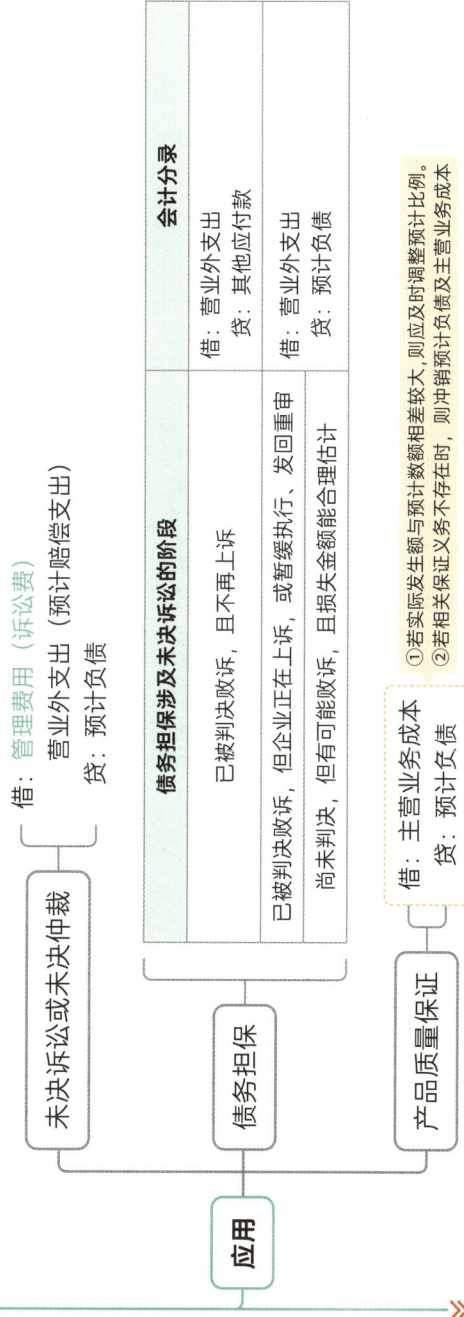

或有事项

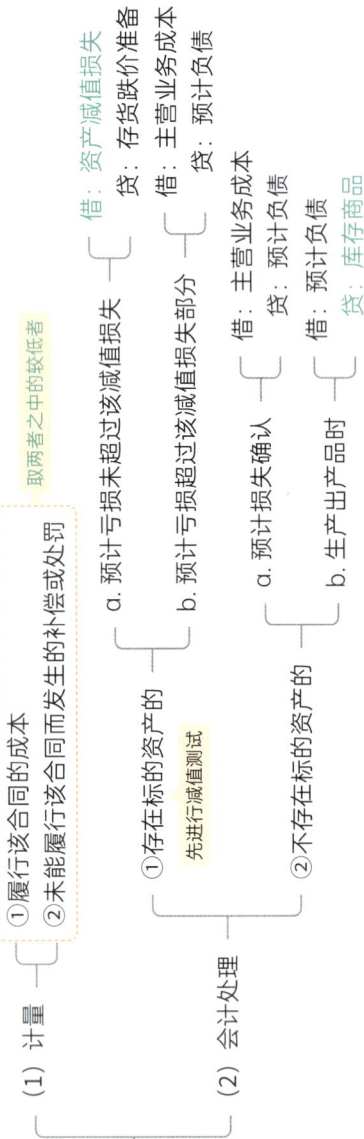

- 应用
  - 亏损合同
    - （1）计量（取两者之中的较低者）
      - ①履行该合同的成本
      - ②未能履行该合同而发生的补偿或处罚
    - （2）会计处理
      - ①存在标的资产的（先进行减值测试）
        - a. 预计亏损未超过该减值损失
          - 借：资产减值损失
          - 贷：存货跌价准备
        - b. 预计亏损超过该减值损失部分
          - 借：主营业务成本
          - 贷：预计负债
      - ②不存在标的资产的
        - a. 预计损失确认
          - 借：主营业务成本
          - 贷：预计负债
        - b. 生产出产品时
          - 借：预计负债
          - 贷：库存商品
  - 重组义务
    - （1）确认条件（同时满足）
      - ①有详细、正式的重组计划
      - ②该重组计划已对外公告
    - （2）计量
      - ①自愿遣散费、强制遣散费（参照辞退福利处理）
        - 借：管理费用
        - 贷：应付职工薪酬
      - ②不再使用的厂房的租赁撤销费
        - 借：营业外支出
        - 贷：预计负债

笔记区

第十三章 收入

收入

- **概述**
  - 概念
    - （1）企业在日常活动中形成的
    - （2）会导致所有者权益增加的
    - （3）与所有者投入资本无关的经济利益的总流入
  - 收入准则
    - （1）适用
      - ①企业一般性经济业务
      - ②以存货换取客户的存货、固定（无形）资产、长期股权投资等
      - ③处置固定（无形）资产等的，在确定处置时点及计量处置损益时
    - （2）不适用
      - ①企业对外出租资产收取的租金
      - ②进行债权投资收取的利息
      - ③进行股权投资取得的现金股利
      - ④保险合同取得的保费收入等
      - ⑤不适用《企业会计准则第 14 号——收入》的非货币性资产交换
  - 确认原则
    - 客户取得相关商品控制权时确认收入
      - 能够主导该商品的使用并从中获得几乎全部的经济利益，也包括有能力阻止其他方主导该商品的使用并从中获得经济利益
- **识别与客户订立的合同**
  - （1）合同要件（同时满足）
    - ①合同各方已批准该合同并承诺将履行各自义务
    - ②该合同明确了合同各方与所转让商品相关的权利和义务
    - ③该合同有明确的与所转让商品相关的支付条款
    - ④该合同具有商业实质，即履行该合同将改变企业未来现金流量的风险、时间分布或金额
    - ⑤企业因向客户转让商品而有权取得的对价很可能收回
    - 没有商业实质的非货币性资产交换，无论何时，均不应确认收入
    - a. 不能同时满足时，不再负有义务且已向客户收取的对价无须退回，才能将已收取的对价确认为收入，否则应将已收取的对价作为合同负债。
    - b. 合同开始日不同时满足的，应在后续期间对其持续评估
  - （2）合同合并
    - ①前提 — 企业与同一客户同时订立或在相近时间内先后订立的两份或多份合同
    - ②条件（满足其一）
      - a. 该两份或多份合同基于同一商业目的而订立并构成“一揽子”交易
      - b. 该两份或多份合同中的一份合同的对价金额取决于其他合同的定价或履行情况
      - c. 该两份或多份合同中所承诺的商品构成单项履约义务
  - （3）合同变更
    - 合同变更增加了可明确区分的商品及合同价款，且新增合同价款反映了新增商品的单独售价
      - 是 → 合同变更部分作为一份单独的合同
      - 否 → 合同变更日已转让商品与未转让商品之间可明确区分
        - 是 → 原合同终止，未履约部分……
        - 否 → 作为原合同的组成部分，重新计算……

收入的确认和计量

识别合同中的单项履约义务

- (1) 作为单项履约义务
  - ②企业向客户转让一系列实质相同且转让模式相同、可明确区分的商品
- (2) 识别已承诺的商品或服务
  - ①可明确区分商品（同时满足）
    - a. 商品能够明确区分
    - b. 商品的承诺在合同中能够明确区分
  - 确定商品可明确区分后，在合同层面继续评估承诺是否可明确区分
  - ②承诺不可明确区分
    - a. 需提供重大的服务以将该商品与合同中承诺的其他商品进行整合
    - b. 商品将对合同中承诺的其他商品予以重大修改或定制
    - c. 商品与合同中承诺的其他商品具有高度关联性
- (3) 举例
  - 企业销售商品并提供运费服务
    - 产品的控制权在运输之前已经转移给客户 → 运输服务构成一项单独的履约义务
    - 产品的控制权在送达指定地点时才转移给客户 → 运输活动不构成一项单独的履约义务

确定交易价格

- (1) 可变对价
  - ①识别 — 折扣、价格折让、返利、退款、奖励积分、激励措施、业绩奖金、索赔等
  - ②最佳估计数
    - a. 期望值 — 各种可能发生的对价金额及相关概率计算确定的金额（适用于有大量类似合同，并估计可能有多个结果时）
    - b. 最可能发生金额 — 一系列可能发生的对价金额中最可能发生的单一金额（适用于合同仅有两个可能结果时）
  - ③金额限制 — 包含可变对价的交易价格，应当不超过在相关不确定性消除时累计已确认的收入极可能不会发生重大转回的金额
    - 很可能＜极可能＜基本确定
  - ④重估 — 资产负债表日应当重新估计可变对价金额
- (2) 重大融资成分
  - ①识别 — 合同中约定的付款时间为客户或企业就该交易提供了重大融资利益时
    - 合同未包含重大融资成分的情形：
      - a. 客户就商品支付了预付款，且可以自行决定这些商品的转让时间。
      - b. 客户承诺对价中有相当大的部分是可变的，该对价金额或付款时间取决于某一不受控制的未来事项是否发生。
      - c. 合同承诺的对价金额与现销价格之间的差额是由于向客户提供的融资利益以外的其他原因所导致的，且这一差额与产生该差额的原因相称
  - ②会计处理
    - 按照假定客户在取得商品控制权时即以现金支付的应付金额（现销价格）确定交易价格

情形	企业为客户提供重大融资成分	客户为企业提供重大融资成分
销售时	借：长期应收款 贷：主营业务收入 未实现融资收益	借：银行存款 未确认融资费用 贷：合同负债
确认融资成分的影响	借：未实现融资收益 贷：财务费用	借：财务费用 贷：未确认融资费用
收款时 / 交付产品时	借：银行存款 贷：长期应收款	借：合同负债 贷：主营业务收入

尚未向客户履行转让商品的义务而已收或应收客户对价中的增值税部分，不符合合同负债的定义，不应确认为合同负债

收入

收入的确认和计量

确定交易价格

- (3) 非现金对价
  - ①前提 — 企业用存货换取客户的非现金对价（非现金对价包括实物资产、无形资产、股权、客户提供的广告服务等）
  - ②初始计量
    - a. 按照非现金对价在合同开始日的公允价值确定交易价格
    - b. 参照转让商品的单独售价间接确定交易价格（非现金对价公允价值不能合理估计时）
  - ③后续计量
    - a. 公允价值因对价形式变动，变动金额不应计入交易价格
    - b. 公允价值因对价形式以外的原因变动，作为可变对价
- (4) 应付客户对价

将应付客户对价冲减交易价格时，企业应当在确认相关收入与支付（或承诺支付）客户对价二者孰晚的时点冲减当期收入

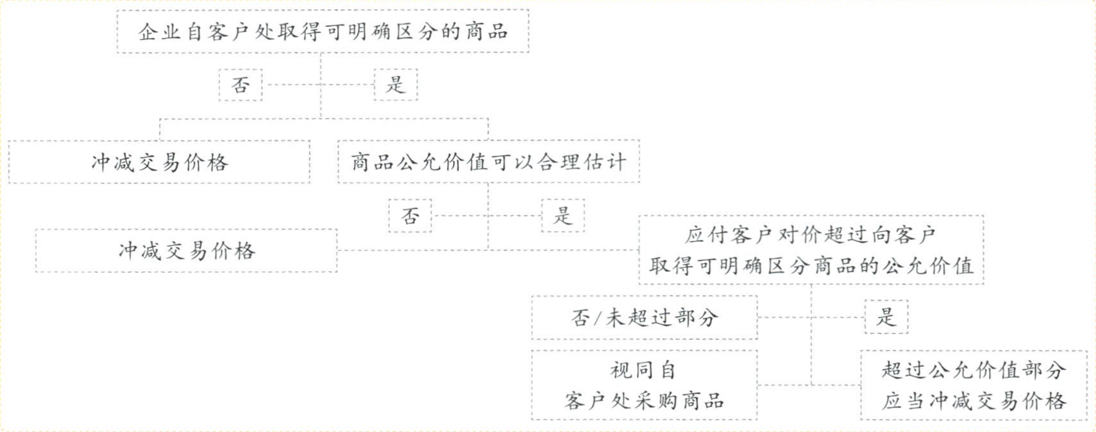

企业自客户处取得可明确区分的商品
否
是
冲减交易价格
商品公允价值可以合理估计
否
是
冲减交易价格
应付客户对价超过向客户取得可明确区分商品的公允价值
否/未超过部分
是
视同自客户处采购商品
超过公允价值部分应当冲减交易价格

将交易价格分摊至各单项履约义务

- (1) 估计单独售价
  - ①向客户单独销售商品的价格
  - 无法直接观察时 → ②估计方法
    - a. 市场调整法
    - b. 成本加成法
    - c. 余值法
- (2) 合同开始日，按照各单项履约义务的单独售价相对比例，将交易价格分摊至各单项履约义务
- (3) 分摊合同折扣
  - ①在各单项履约义务之间按比例分摊
  - ②有确凿证据表明合同折扣仅与部分履约义务相关的，分摊至相关履约义务
- (4) 分摊可变对价
  - ①在各单项履约义务之间按比例分摊
  - ②有确凿证据表明可变对价仅与部分履约义务相关的，分摊至相关履约义务

- ①确认条件（同时满足）
  - a. 边履约，边受益 — 客户在企业履约的同时即取得并消耗企业履约所带来的经济利益
  - b. 边建造，边控制 — 客户能够控制企业履约过程中在建的商品
  - c. 不可替代用途 + 合格收款权 — 企业履约过程中所产出的商品具有不可替代用途，且企业在整个合同期间内有权就累计至今已完成的履约部分收取

- 履行各单项履约义务时确认收入
  - (1) 某一时段内履行的履约义务
    - ②确认方法
      - a. 确定履约进度
        - Ⅰ. 产出法
          - 与过去已履行的履约义务相关的支出，因此不会增加企业未来用于履行（包括持续履行）履约义务的资源，不应当作为资产确认
        - Ⅱ. 投入法（实务中通常按成本法确定）
          - 合同开始日预期将能满足下列所有条件时，采用成本法确定履约进度时不包括这些成本
            - · 该商品或材料不可明确区分，即不构成单项履约义务
            - · 客户先取得该商品或材料的控制权，之后才接受与之相关的服务
            - · 该商品或材料的成本相对于预计总成本是重大的
            - · 企业自第三方采购该商品或材料，且未深入参与其设计和制造，对于包含该商品的履约义务，企业是主要责任人
      - b. 按照履约进度确认收入
      - c. 需调整履约进度
        - Ⅰ. 已发生的成本并未反映企业履行其履约义务的进度
        - Ⅱ. 已发生的成本与企业履行其履约义务的进度不成比例
      - d. 履约进度不能合理确定
        - Ⅰ. 已发生成本预计能够得到补偿的，按已发生的成本金额确认收入
        - Ⅱ. 已发生成本预计不能得到补偿的，不应确认收入
  - (2) 某一时点履行的履约义务
    - ①确认条件 — 不属于在某一时段内履行的履约义务的情形
    - ②确认方法
      - a. 判断客户是否取得商品控制权
        - 有这五个迹象，可能表明商品的控制权已经转移
          - Ⅰ. 企业就该商品享有现时收款的权利
          - Ⅱ. 企业已将该商品的法定所有权转移给客户
          - Ⅲ. 企业已将该商品实物转移给客户
            - 同时满足下列条件，表明客户取得了“售后代管商品”的控制权：
              - · 合同具有商业实质
              - · 属于客户的商品能够单独识别
              - · 该商品可以随时交付给客户
              - · 企业不能自行使用或将该商品提供给其他客户
          - Ⅳ. 企业已将该商品所有权上的主要风险和报酬转移给客户
          - Ⅴ. 客户已接受该商品
      - b. 客户取得相关商品控制权时一次性确认收入

- 合同成本
  - 合同履约成本（资产）
    - (1) 确认条件（同时满足）
      - ①该成本与一份当前或预期取得的合同直接相关
      - ②该成本增加了企业未来用于履行履约义务的资源
      - ③该成本预期能够收回
    - (2) 计入当期损益
      - ①管理费用（除非明确由客户承担）
      - ②非正常消耗的直接材料、直接人工和制造费用
      - ③与履约义务中已履行部分相关的支出
      - ④无法在尚未履行的与已履行的履约义务之间区分的相关支出

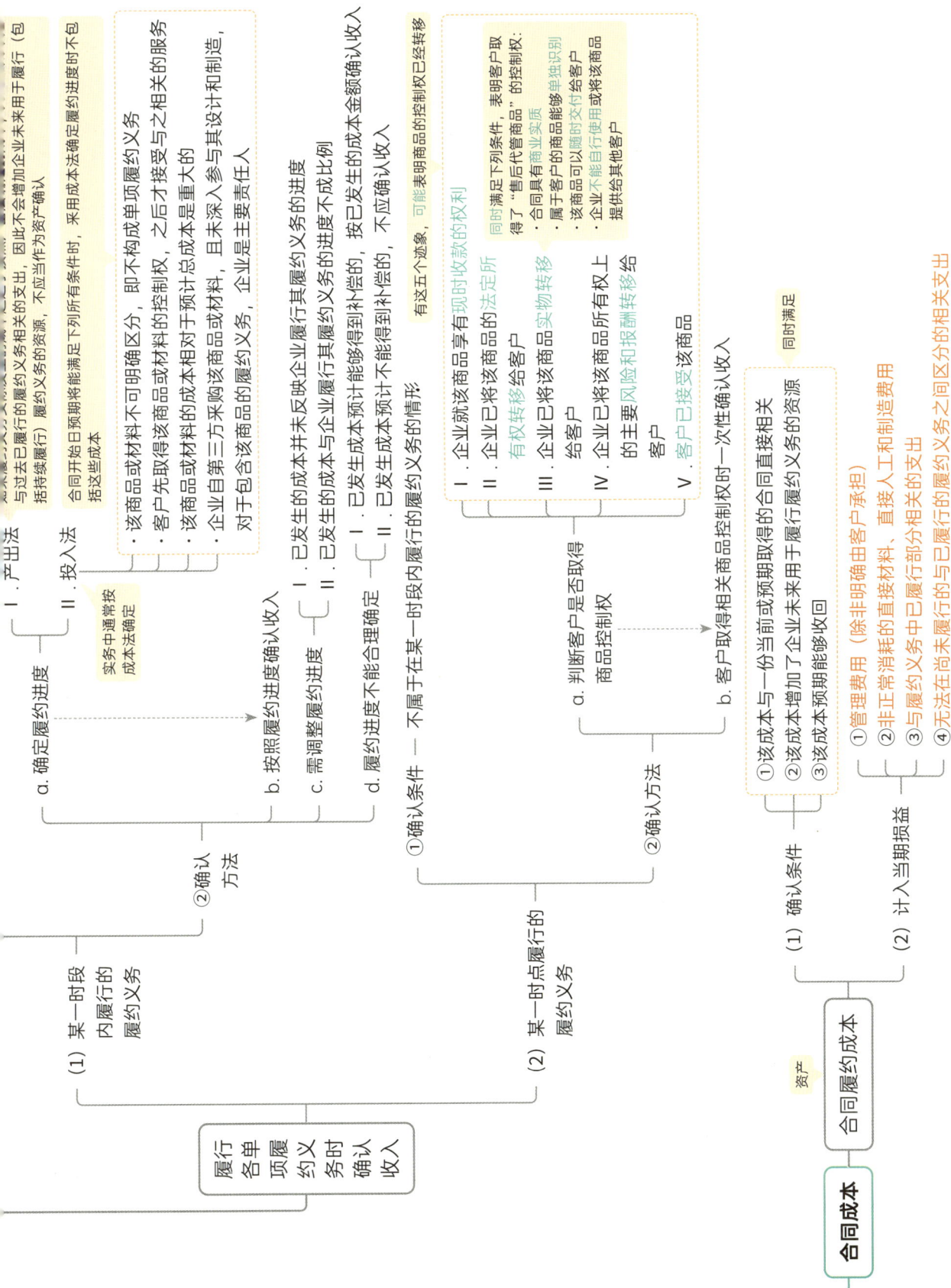

收入

合同成本

合同取得成本（资产）

（1）确认条件 — 为取得合同发生的增量成本预期能够收回的

①企业不取得合同就不会发生的成本，如销售佣金等。
②因现有合同续约或变更的额外佣金，也是增量成本

（2）计入当期损益 — 无论是否取得合同均会发生的相关费用，除非这些支出明确由客户承担

摊销和减值

（1）摊销 — 采用与该资产相关的商品收入确认相同的基础进行摊销，计入当期损益

（2）减值
①账面价值
②因转让与该资产相关的商品预期能够取得的剩余对价 − 为转让与该资产相关的商品估计将要发生的成本

①>②时，超出部分应当计提减值准备，可以转回

特定交易

附有销售退回条款的销售

情形		会计处理
销售时		借：应收账款等 贷：主营业务收入 应交税费——应交增值税（销项税额） 预计负债——应付退货款 借：主营业务成本 应收退货成本 贷：库存商品
资产负债表日		借或贷：预计负债——应付退货款 贷或借：主营业务收入 借或贷：主营业务成本 贷或借：应收退货成本
退货期满	未发生退货	借：预计负债 贷：主营业务收入 借：主营业务成本 贷：应收退货成本
	退货>预计	借：库存商品 预计负债 应交税费——应交增值税（销项税额） 主营业务收入 贷：应收退货成本 主营业务成本 银行存款
	退货<预计	借：库存商品 预计负债 应交税费——应交增值税（销项税额） 主营业务成本 贷：应收退货成本 主营业务收入 银行存款
	退货＝预计	借：库存商品 预计负债 应交税费——应交增值税（销项税额） 贷：应收退货成本 银行存款

附有质量保证条款的销售

- 该质量保证为法定要求
  - 是：保证类质保不构成单项履约义务，执行《企业会计准则第13号——或有事项》
  - 否：客户能够选择单独购买质量保证
    - 是：服务类质保构成单项履约义务，执行《企业会计准则第14号——收入》
    - 否：保证类质保不构成单项履约义务，执行《企业会计准则第13号——或有事项》

主要责任人和代理人

类别	特征	会计处理
主要责任人	转让商品前能够控制商品	总额法确认收入
代理人	转让商品前不能控制商品	净额法确认收入

附有客户额外购买选择权的销售

作为单项履约义务，客户未来行使购买选择权取得相关商品控制权或选择权失效时，确认相应收入

- (1) 重大权利
  - ①属于 — 客户行使额外购买选择权购买商品时，能享受超过该地区或该市场其他同类客户所能享有的折扣
  - ②不属于 — 客户虽然有额外购买选择权，但客户行使该权利购买商品时的价格反映了商品的单独售价
- (2) 常见事项 — 销售激励、客户奖励积分、未来购买商品的折扣券及合同续约选择权等
- (3) 会计处理
  - ①销售时
    - 借：银行存款
    - 贷：主营业务收入
    - 合同负债
  - ②行权或失效时
    - 借：合同负债
    - 贷：主营业务收入

授予知识产权许可

- (1) 不构成单项履约义务
  - ①该知识产权许可构成有形商品的组成部分并且对于该商品的正常使用不可或缺
  - ②客户只有将该知识产权许可和相关服务一起使用才能够从中获益
- (2) 构成单项履约义务
  - ①某一时段内履行（同时满足）
    - a. 合同要求或客户能够合理预期企业将从事对该项知识产权有重大影响的活动
    - b. 该活动对客户将产生有利或不利影响
    - c. 该活动不会导致企业向客户转让商品
  - 不能同时满足 → ②某一时点履行

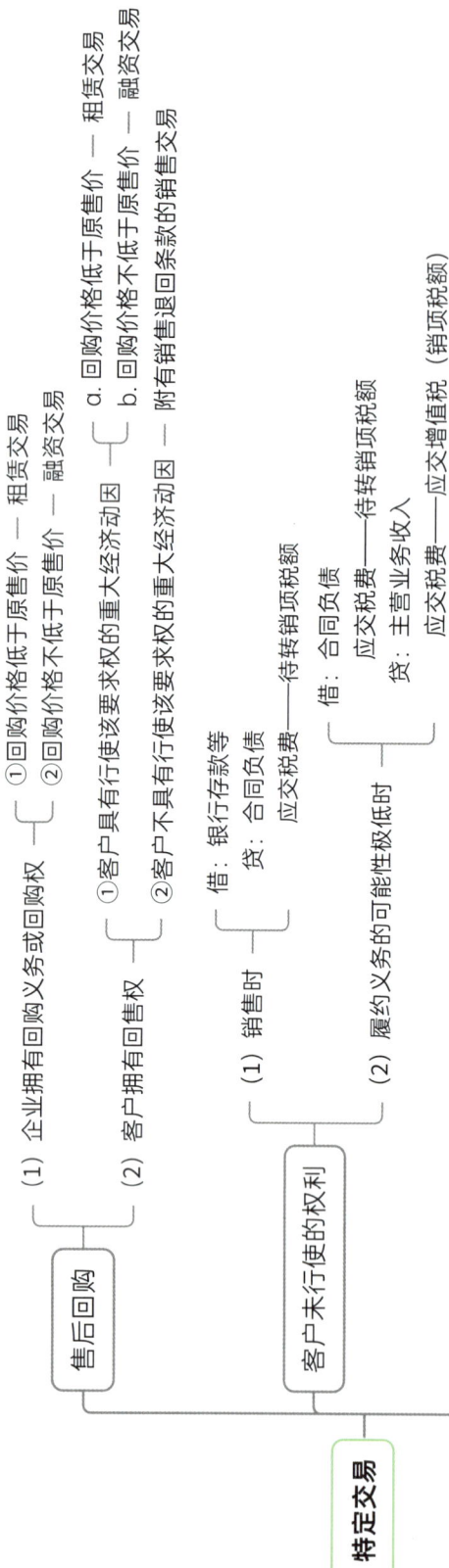

收入

- **特定交易**
  - 售后回购
    - （1）企业拥有回购义务或回购权
      - ①回购价格低于原售价 — 租赁交易
      - ②回购价格不低于原售价 — 融资交易
    - （2）客户拥有回售权
      - ①客户具有行使该要求权的重大经济动因
        - a. 回购价格低于原售价 — 租赁交易
        - b. 回购价格不低于原售价 — 融资交易
      - ②客户不具有行使该要求权的重大经济动因 — 附有销售退回条款的销售交易
  - 客户未行使的权利
    - （1）销售时
      - 借：银行存款等
      - 　贷：合同负债
      - 　　应交税费——待转销项税额
    - （2）履约义务的可能性极低时
      - 借：合同负债
      - 　应交税费——待转销项税额
      - 　贷：主营业务收入
      - 　　应交税费——应交增值税（销项税额）
  - 无须退回的初始费
    - 初始费是否与向客户转让已承诺的商品相关
      - 是，并且构成单项履约义务 → 企业应在转让该商品时，按照分摊至该商品的交易价格确认收入
      - 是，但不构成单项履约义务 → 企业应在包含该商品单项履约义务履行时，按照分摊至该单项履约义务的交易价格确认收入
      - 否 → 该初始费应作为未来即将转让商品的预收款，在未来转让该商品时确认为收入

笔记区

第十四章 政府补助

（考 2 分）

政府补助

概述

定义

（1）企业从政府无偿取得货币性资产或非货币性资产

（2）

分类	项目	说明
属于政府补助	无偿拨款、税收返还、财政贴息、无偿给予非货币性资产等	需要从政府无偿取得货币性资产或非货币性资产
不属于政府补助	直接减征、免征、增加计税抵扣额、抵免部分税额、出口退税，政府以投资者身份向企业投入资本等	不涉及资产直接转移的经济资源
	从政府取得的经济资源是商品对价的组成部分	按照《企业会计准则第 14 号——收入》处理

特征

（1）来源于政府的经济资源

（2）无偿性

分类

（1）与资产相关的政府补助 — 用于形成长期资产的政府补助

（2）与收益相关的政府补助
- ①除与资产相关的政府补助外的政府补助
- ②无法区分的政府补助

确认

（1）条件（同时满足）
- ①企业能够满足政府补助所附条件
- ②企业能够收到政府补助

（2）计量
- ①若企业已实际收到补助资金，则应当按照实际收到的金额计量
- ②若资产负债表日尚未收到，但符合相关规定后即获得收款权，且相关经济利益很可能流入，则应在该补助成为应收款时按照应收金额计量

方法

同类业务选用一种方法，不得随意变更

（1）总额法 — 确认时将政府补助全额确认为收益

（2）净额法 — 将政府补助作为相关资产账面价值或所补偿费用的扣减

原则

（1）与日常活动相关 — 按经济实质计入其他收益或冲减相关成本费用

（2）与日常活动无关 — 计入营业外收入或营业外支出

情形	总额法	净额法
收到补助时	借：银行存款等 贷：递延收益	借：银行存款等 贷：递延收益
购入资产时	借：固定资产 贷：银行存款	借：固定资产 贷：银行存款 借：递延收益 贷：固定资产

会计处理

与资产相关的政府补助

情形	总额法	净额法
摊销时	在相关资产使用寿命内按合理、系统的方法分期计入损益： 借：递延收益 　贷：其他收益（日常） 　　　营业外收入（非日常）	按照扣减政府补助后的资产价值对相关资产计提折旧或摊销
提前处置资产时	尚未分摊的递延收益余额一次性转入当期损益： 借：递延收益 　贷：固定资产清理 借：固定资产清理 　贷：营业外支出	—

与收益相关的政府补助

情形	用于补偿以后期间	用于补偿以前期间
收到补助时	借：银行存款 　贷：其他应付款（无法确定时） 　　　递延收益（满足条件时）	计入当期损益（总额法）： 借：银行存款 　贷：其他收益（日常） 　　　营业外收入（非日常） 冲减相关成本（净额法）： 借：银行存款 　贷：管理费用（日常） 　　　营业外支出（非日常）
摊销时	计入当期损益（总额法）： 借：递延收益 　贷：其他收益（日常） 　　　营业外收入（非日常）	—
摊销时	冲减相关成本（净额法）： 借：递延收益 　贷：管理费用（日常） 　　　营业外支出（非日常）	—

政府补助的退回

（1）初始确认时冲减相关资产账面价值的，应当调整资产账面价值

（2）存在尚未摊销的递延收益的，冲减相关递延收益账面余额，超出部分计入当期损益

（3）属于其他情况的，直接计入当期损益

第十五章 非货币性资产交换 （考2分）

非货币性资产交换

基本概念

货币性资产与非货币性资产

项目	定义	常见资产
货币性资产	企业持有的货币资金和收取固定或可确定金额的货币资金的权利	库存现金、银行存款、以摊余成本计量的应收账款和应收票据、其他应收款等
非货币性资产	货币性资产以外的资产，该类资产在将来为企业带来的经济利益不固定或不可确定	预付账款、固定资产、存货、无形资产和投资性房地产等

非货币性资产交换

（1）交易双方以非货币性资产进行交换，该交换不涉及或只涉及少量（< 25%）的货币性资产

（2）特殊情形

①以存货换取客户的非货币性资产
②交换的资产包括属于非货币性资产的金融资产
③非货币性资产交换中涉及使用权资产或应收融资租赁款
④在企业合并中取得的非货币性资产
⑤非货币性资产交换构成权益性交易

属于非货币性资产交换，但不执行《企业会计准则第7号——非货币性资产交换》

确认

（1）换入资产符合资产定义并满足资产确认条件时确认换入资产

（2）换出资产满足资产终止确认条件时终止确认换出资产

（3）换入资产满足资产确认条件，换出资产尚未满足终止确认条件的，在确认换入资产的同时将交付换出资产的义务确认为一项负债

（4）换出资产满足终止确认条件，换入资产尚未满足资产确认条件的，在终止确认换出资产的同时将取得换入资产的权利确认为一项资产

计量

项目		公允价值计量	账面价值计量
计量原则		同时满足： （1）具有商业实质： ①换入资产未来现金流量在风险、时间分布和金额方面与换出资产显著不同。 ②使用换入资产与继续使用换出资产所产生的预计未来现金流量现值不同，且其差额与换入资产和换出资产的公允价值相比是重大的。 （2）换入资产或换出资产的公允价值能够可靠地计量	不具有商业实质或者换入资产和换出资产的公允价值均不能可靠计量
单项资产	换入资产入账价值	一般情形： 换出资产的公允价值及销项税额 + 支付补价的公允价值（– 收到补价的公允价值）– 换入资产的进项税额 + 应计入换入资产成本的相关税费	换出资产的账面价值及销项税额 + 支付补价的账面价值（– 收到补价的公允价值）– 换入资产的进项税额 + 应计入换入资产成本的相关税费
		换入资产的公允价值更可靠时： 换入资产的公允价值 + 应计入换入资产成本的相关税费	

续表

项目		公允价值计量	账面价值计量
单项资产	交换损益	换出资产的公允价值 − 换出资产的账面价值 + 其他结转（资本公积、其他综合收益的结转）	不涉及损益
多项资产		（1）首先确定换入资产总入账金额（以换出资产为基础或以换入资产为基础）。 （2）其次，如果换入资产涉及金融资产，优先按换入金融资产的公允价值入账。 （3）最后，剩余价款（换入资产总入账金额扣减金融资产入账金额）在其余各项资产之间按照公允价值比例进行分摊	按照各项换入资产的公允价值（或账面价值）的相对比例进行分摊

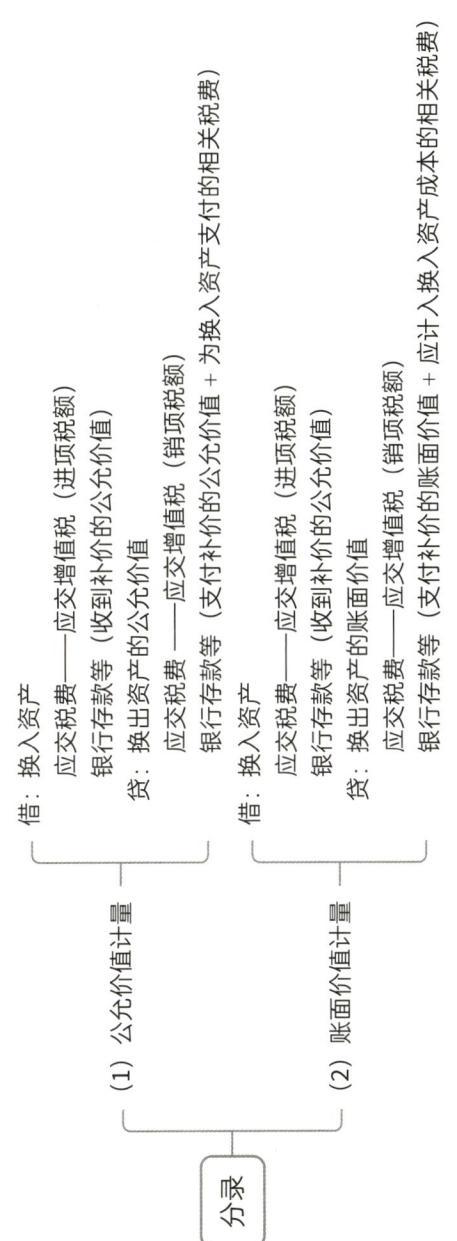

会计处理

交换损益

（1）换出资产为固定（无形）资产 — 换出资产公允价值和账面价值差额计入资产处置损益

（2）换出资产为长期股权投资
- ①换出资产公允价值和账面价值差额计入投资收益
- ②涉及资本公积、可转损益的其他综合收益转入当期损益

（3）换出资产为投资性房地产
- ①按照换出资产公允价值或换入资产公允价值确认其他业务收入
- ②按照换出资产的账面价值结转其他业务成本

（差额计入当期损益）
- ③原持有期间计入公允价值变动损益和其他综合收益的结转至其他业务成本

分录

（1）公允价值计量

借：换入资产
　　应交税费——应交增值税（进项税额）
　　银行存款等（收到补价的公允价值）
　贷：换出资产的公允价值
　　　应交税费——应交增值税（销项税额）
　　　银行存款等（支付补价的公允价值 + 为换入资产支付的相关税费）

（2）账面价值计量

借：换入资产
　　应交税费——应交增值税（进项税额）
　　银行存款等（收到补价的公允价值）
　贷：换出资产的账面价值
　　　应交税费——应交增值税（销项税额）
　　　银行存款等（支付补价的账面价值 + 应计入换入资产成本的相关税费）

笔记区

债务重组

概述

定义

在不改变交易对手方的情况下，经债权人和债务人协定或法院裁定，就清偿债务的时间、金额或方式等重新达成协议的交易

不强调债权人一定要作出让步、债务人一定要发生财务困难

范围

- （1）债权债务（不包括合同资产、合同负债、预计负债）
  - ①《企业会计准则第 22 号——金融工具确认和计量》所规定的债权债务
  - ②租赁应收款、租赁应付款
- （2）债务重组
  - ①通过债务重组形成企业合并的，以及债务人以股权投资清偿债务或将债务转为权益工具的，在合并报表层面债权人取得资产、负债的确认和计量适用《企业会计准则第 20 号——企业合并》
  - ②债务重组构成权益性交易（适用权益性交易的相关规定（不确认重组损益））
    - a. 债权人直接或间接对债务人持股，或者债务人直接或间接对债权人持股，且持股方以股东身份进行债务重组
    - b. 债权人与债务人在债务重组前后受同一方或相同多方最终控制，且该债务重组的交易实质是债权人或债务人进行了权益性分配或接受了权益性投入

关联方之间的债务重组，超过其他非关联方债权人对债务人作出债务豁免的部分应作为权益性交易

方式

- （1）以资产清偿债务（债务人也可能以不符合确认条件而未予以确认的资产清偿债务，如以未确认内部产生的品牌清偿债务）
- （2）将债务转为权益工具（采用实质重于形式原则进行判断）
- （3）修改其他条款（调整债务本金、改变债务利息、变更还款期限等）
- （4）组合方式

方式		债权人	债务人
以资产清偿债务	以金融资产清偿	借：其他债权投资等（按金融资产初始确认原则处理） 　　坏账准备 　贷：应收账款 　　　银行存款（交易费用） 　　　投资收益（差额，或借方）	借：应付账款（账面价值） 　贷：其他债权投资等（账面价值） 　　　投资收益（差额，或借方） 借：其他综合收益（可转损益部分） 　贷：投资收益
	以非金融资产清偿	借：库存商品等（放弃债权的公允价值 + 相关税费） 　　应交税费——应交增值税（进项税额） 　　坏账准备 　贷：应收账款 　　　银行存款（相关税费） 　　　投资收益（差额，或借方）	借：应付账款（账面价值） 　贷：库存商品等（账面价值） 　　　应交税费——应交增值税（销项税额） 　　　其他收益（差额，或借方）

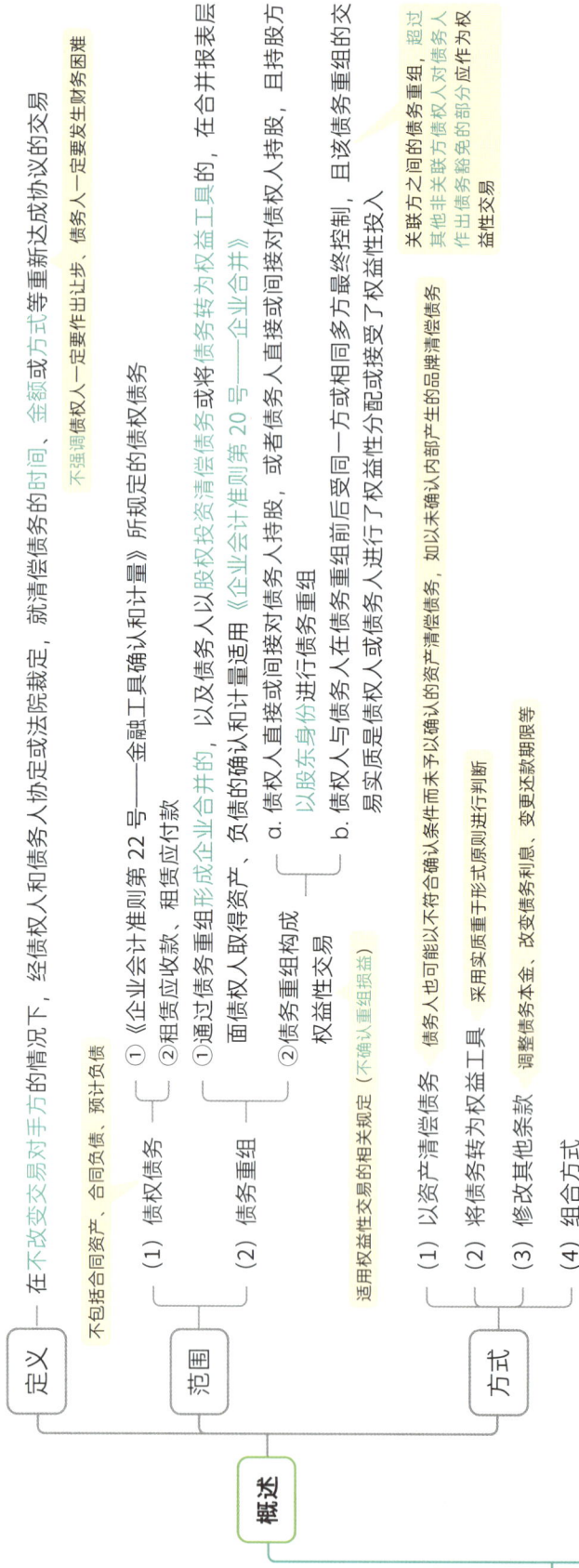

续表

会计处理

方式		债权人	债务人
以资产清偿债务	以资产组合方式清偿	借：交易性金融资产（按金融资产初始确认原则处理） 非金融资产［合同生效日按公允价值比例分配剩余价款（放弃债权公允价值扣除金融资产公允价值后的金额）］ 应交税费——应交增值税（进项税额） 坏账准备 贷：应收账款 投资收益（差额，或借方）	借：应付账款（账面价值） 贷：非金融资产（账面价值） 应交税费——应交增值税（销项税额） 交易性金融资产等（账面价值） 其他收益（差额，或借方）
将债务转为权益工具		同一控制： 借：长期股权投资（最终控制方合并财务报表中的净资产的账面价值份额＋商誉） 坏账准备 贷：应收账款 资本公积（差额，或借方）	初始确认权益工具： 借：应付账款 贷：股本 资本公积——股本溢价 投资收益（差额，或借方） 支付发行费用： 借：资本公积——股本溢价 贷：银行存款
		非同一控制： 借：长期股权投资（放弃债权的公允价值） 坏账准备 贷：应收账款 投资收益（差额，或借方）	
		非企业合并： 借：长期股权投资（放弃债权公允价值＋相关税费） 坏账准备 贷：应收账款 银行存款（相关税费） 投资收益（差额，或借方）	
修改其他条款		（1）如果修改其他条款导致全部债权终止确认，应当按照修改后的条款以公允价值初始计量新的金融资产。 （2）如果修改其他条款未导致债权终止确认，则应当根据其金融资产的分类原则进行分类	（1）如果修改其他条款导致债务终止确认，则应当按照公允价值计量重组债务。 （2）如果修改其他条款未导致债务终止确认，或仅导致部分债务终止确认，对于未终止确认的部分债务，则应当根据金融负债分类，按金融负债后续计量方法进行计量
组合方式		按照修改后的条款，以公允价值初始计量新的金融资产，按照受让的金融资产以外的各项资产在债务重组合同生效日的公允价值比例，对放弃债权在合同生效日的公允价值扣除受让金融资产和重组债权当日公允价值后的净额进行分配，并以此为基础分别确定各项资产的成本	（1）对于权益工具，应当在初始确认时按权益工具的公允价值计量，权益工具的公允价值不能可靠计量的，应当按照所清偿债务的公允价值计量。 （2）所清偿债务的账面价值与转让资产的账面价值及权益工具和重组债务确认金额之和的差额，计入当期损益

第十七章 所得税

（考 8 分）

所得税

所得税会计概述

- 方法 — 资产负债表债务法
- 核算程序
  - 确定资产和负债的账面价值 → 确定暂时性差异
  - 确定资产和负债的计税基础 → 确定暂时性差异
  - 确定暂时性差异 → 应纳税暂时性差异（符合条件）确认递延所得税负债
  - 确定暂时性差异 → 可抵扣暂时性差异（符合条件）确认递延所得税资产
  - → 对应科目：其他综合收益、资本公积、留存收益、商誉等
  - → 对应科目：所得税费用　递延所得税费用（收益）
  - 税前会计利润 → ＋纳税调增　－纳税调减　计算应纳税所得额 → 计算应交所得税
  - → 所得税费用

账面价值和计税基础

（1）资产

资产		账面价值	计税基础
固定资产		固定资产原值 − 会计累计折旧 − 固定资产减值准备	固定资产原值 − 税法累计折旧
无形资产	外购	无形资产原值 − 会计累计摊销 − 无形资产减值准备	无形资产原值 − 税法累计摊销
	内部研发（不确认递延所得税资产）		（无形资产原值 − 税法累计摊销）× 200%
交易性金融资产		资产负债表日的公允价值	取得时的历史成本
其他权益工具投资			
债权投资		期初摊余成本 + 本期计提的利息 − 本期收回的本金和利息 − 本期计提的减值准备	摊余成本（减值除外）

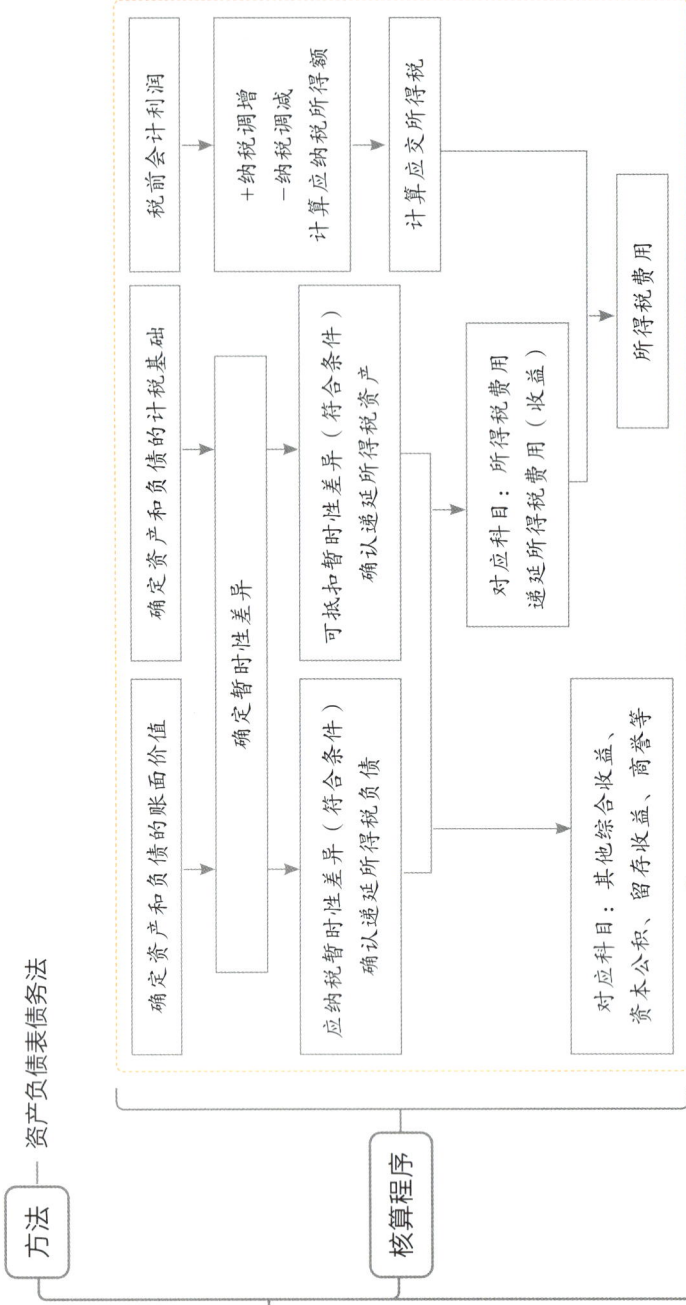

资产		账面价值	计税基础
投资性房地产	成本模式	投资性房地产原值 − 会计投资性房地产累计折旧（摊销）− 投资性房地产减值准备	投资性房地产原值 − 税法累计折旧（摊销）
	公允价值模式	期末公允价值	
	成本模式转公允价值模式	变更日公允价值	

(2) 负债

负债		计税基础	账面价值
预计负债	产品质量保证	零	账面余额
	债务担保	如果税法规定不得税前扣除，则计税基础 = 账面价值	
		如果税法规定应计入当期应纳税所得额，则计税基础为零	
合同负债		根据税法规定，合同负债计入当期应纳税所得额时，其计税基础为零	
		根据税法规定，合同负债未计入当期应纳税所得额时，计税基础与账面价值相等	
应付职工薪酬		超过部分在发生当期不允许税前扣除，在以后期间也不允许税前扣除，即计税基础 = 账面价值	
其他负债		罚款和滞纳金不得税前扣除，即计税基础 = 账面价值	

暂时性差异

(1) 一般情形

项目	应纳税暂时性差异	可抵扣暂时性差异
资产	账面价值 > 计税基础	账面价值 < 计税基础
负债	账面价值 < 计税基础	账面价值 > 计税基础

(2) 特殊情形

①超标的广告费、业务宣传费和职工教育经费
②当年发生亏损可以用未来 5 年内实现的税前会计利润弥补

可抵扣暂时性差异

所得税

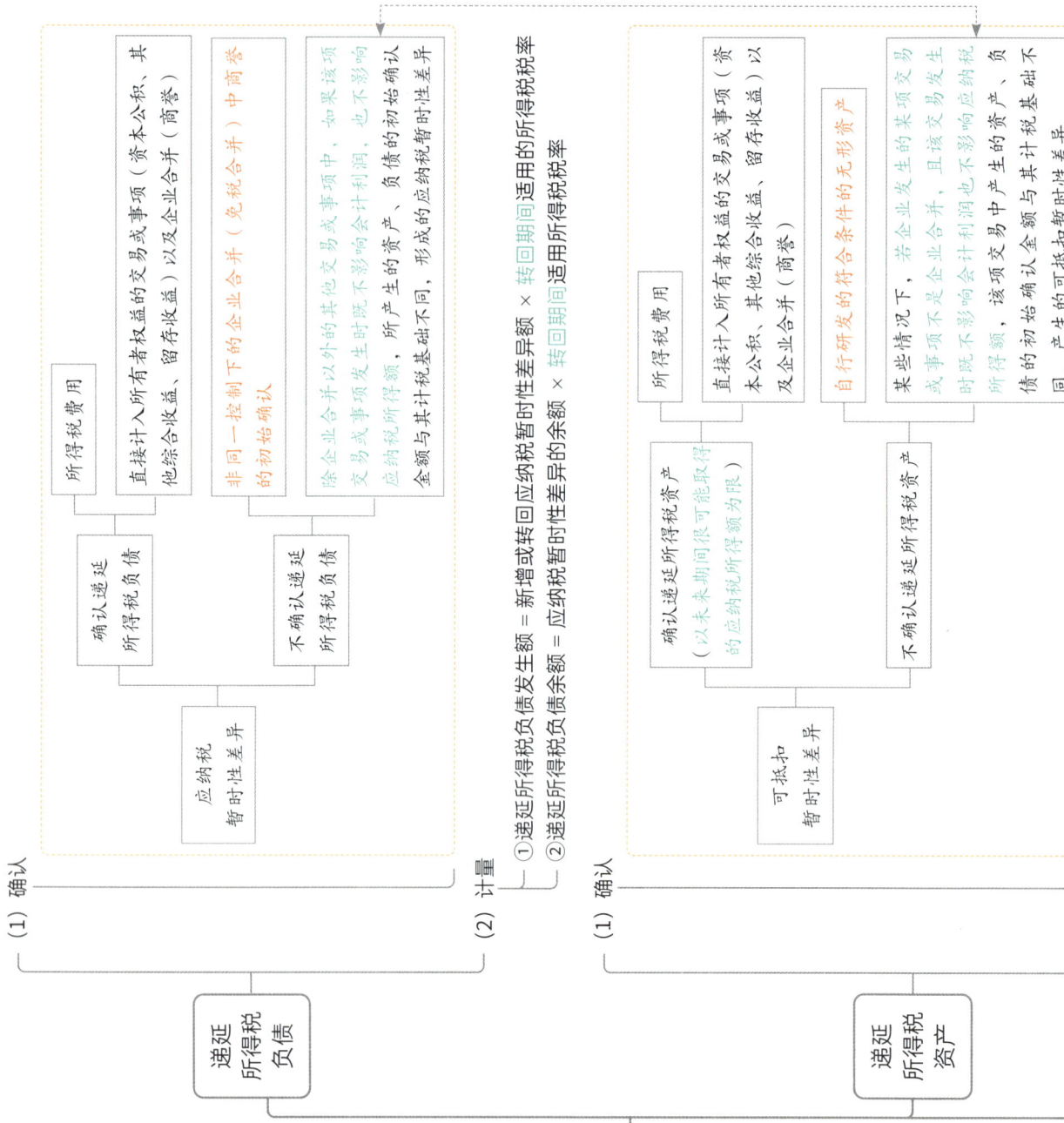

- 递延所得税的确认和计量
  - 递延所得税负债
    - （1）确认
      - 应纳税暂时性差异
        - 确认递延所得税负债
          - 所得税费用
          - 直接计入所有者权益的交易或事项（资本公积、其他综合收益、留存收益）以及企业合并（商誉）
        - 不确认递延所得税负债
          - 非同一控制下的企业合并（免税合并）中商誉的初始确认
          - 除企业合并以外的其他交易或事项中，如果该项交易或事项发生时既不影响会计利润，也不影响应纳税所得额，所产生的资产、负债的初始确认金额与其计税基础不同，形成的应纳税暂时性差异
    - （2）计量
      - ①递延所得税负债发生额 = 新增或转回应纳税暂时性差异额 × 转回期间适用的所得税税率
      - ②递延所得税负债余额 = 应纳税暂时性差异的余额 × 转回期间适用所得税税率
  - 递延所得税资产
    - （1）确认
      - 可抵扣暂时性差异
        - 确认递延所得税资产（以未来期间很可能取得的应纳税所得额为限）
          - 所得税费用
          - 直接计入所有者权益的交易或事项（资本公积、其他综合收益、留存收益）以及企业合并（商誉）
        - 不确认递延所得税资产
          - 自行研发的符合条件的无形资产
          - 某些情况下，若企业发生的某项交易或事项不是企业合并，且该交易发生时既不影响会计利润也不影响应纳税所得额，该项交易中产生的资产、负债的初始确认金额与其计税基础不同，产生的可抵扣暂时性差异

对于不是企业合并，并且交易发生时既不影响会计利润也不影响应纳税所得额，且初始确认的资产和负债导致产生等额应纳税暂时性差异和可抵扣暂时性差异的单项交易，不适用豁免规定。企业应当在交易发生时分别确认相应的递延所得税负债和递延所得税资产

- （2）计量
  - ①递延所得税资产发生额 = 新增或转回可抵扣暂时性差异额 × 转回期间适用的所得税税率
  - ②递延所得税资产余额 = 可抵扣暂时性差异的余额 × 转回期间适用所得税税率
- （3）减值 — 资产负债表日，企业应对递延所得税资产的账面价值进行复核，如果未来期间很可能无法取得足够的应纳税所得额用以利用递延所得税资产的利益，应当减记递延所得税资产的账面价值（可以恢复）

税率变化

- （1）原则 — 应对已确认的递延所得税资产和递延所得税负债按照新的税率进行重新计量
- （2）会计处理
  - ①当年递延所得税资产发生额 = 年末可抵扣暂时性差异 × 新税率 − 年初可抵扣暂时性差异 × 旧税率
    = 年末可抵扣暂时性差异 × 新税率 − 递延所得税资产年初余额
  - ②当年递延所得税负债发生额 = 年末应纳税暂时性差异 × 新税率 − 年初应纳税暂时性差异 × 旧税率
    = 年末应纳税暂时性差异 × 新税率 − 递延所得税负债年初余额

所得税费用的确认和计量

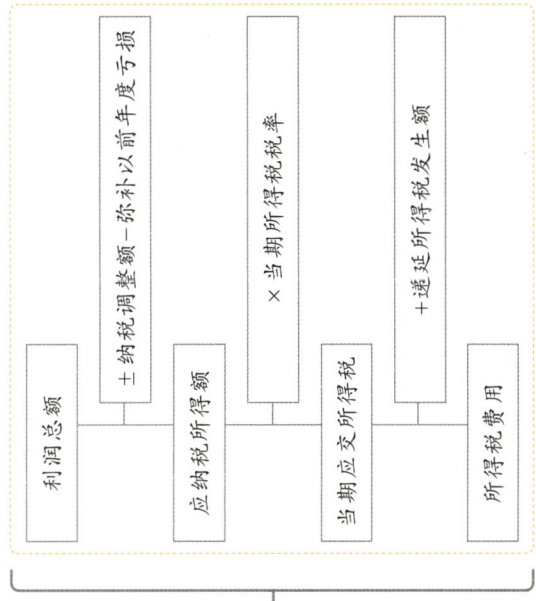

利润总额
± 纳税调整额 − 弥补以前年度亏损
应纳税所得额
× 当期所得税税率
当期应交所得税
+递延所得税发生额
所得税费用

笔记区

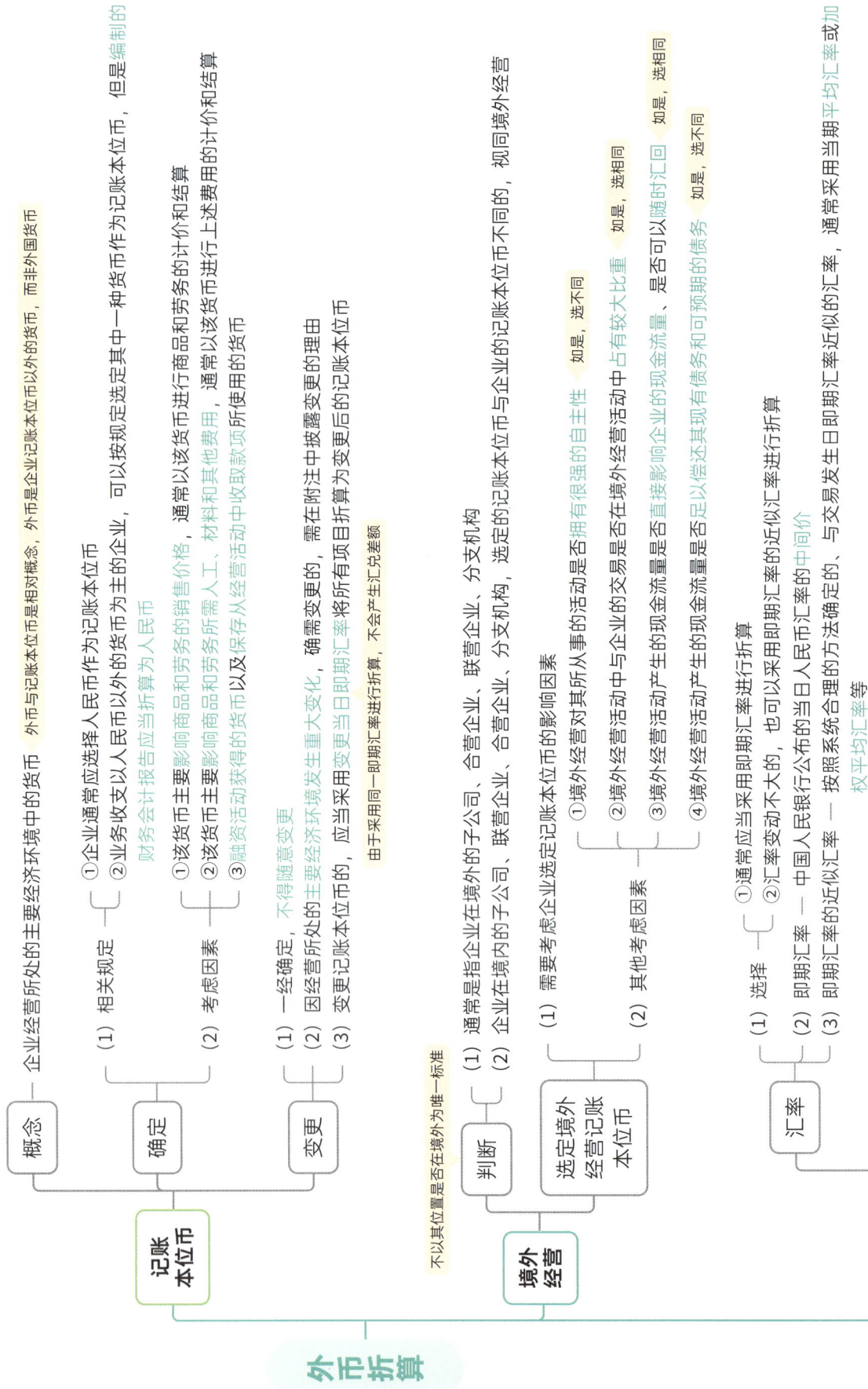

第十八章 外币折算（考4分）

外币折算

- **记账本位币**
  - 概念 — 企业经营所处的主要经济环境中的货币（外币与记账本位币是相对概念，外币是企业记账本位币以外的货币，而非外国货币）
  - 确定
    - （1）相关规定
      - ①企业通常应选择人民币作为记账本位币
      - ②业务收支以人民币以外的货币为主的企业，可以按规定选定其中一种货币作为记账本位币，但是编制的财务会计报告应当折算为人民币
    - （2）考虑因素
      - ①该货币主要影响商品和劳务的销售价格，通常以该货币进行商品和劳务的计价和结算
      - ②该货币主要影响商品和劳务所需人工、材料和其他费用，通常以该货币进行上述费用的计价和结算
      - ③融资活动获得的货币以及保存从经营活动中收取款项所使用的货币
  - 变更
    - （1）一经确定，不得随意变更
    - （2）因经营所处的主要经济环境发生重大变化，确需变更的，需在附注中披露变更的理由
    - （3）变更记账本位币的，应当采用变更当日即期汇率将所有项目折算为变更后的记账本位币（由于采用同一即期汇率进行折算，不会产生汇兑差额）
- **境外经营**
  - 判断（不以其位置是否在境外为唯一标准）
    - （1）通常是指企业在境外的子公司、合营企业、联营企业、分支机构
    - （2）企业在境内的子公司、联营企业、合营企业、分支机构，选定的记账本位币与企业的记账本位币不同的，视同境外经营
  - 选定境外经营记账本位币
    - （1）需要考虑企业选定记账本位币的影响因素
    - （2）其他考虑因素
      - ①境外经营对其所从事的活动是否拥有很强的自主性（如是，选不同）
      - ②境外经营活动中与企业的交易是否在境外经营活动中占有较大比重（如是，选相同）
      - ③境外经营活动产生的现金流量是否直接影响企业的现金流量、是否可以随时汇回（如是，选相同）
      - ④境外经营活动产生的现金流量是否足以偿还其现有债务和可预期的债务（如是，选不同）
- 汇率
  - （1）选择
    - ①通常应当采用即期汇率进行折算
    - ②汇率变动不大的，也可以采用即期汇率的近似汇率进行折算
  - （2）即期汇率 — 中国人民银行公布的当日人民币汇率的中间价
  - （3）即期汇率的近似汇率 — 按照系统合理的方法确定的、与交易发生日即期汇率近似的汇率，通常采用当期平均汇率或加权平均汇率等

外币交易的会计处理

买卖外币的会计处理

(1) 买入外币

借：银行存款——外币（按即期汇率折算）
　　财务费用——汇兑差额（差额）
　贷：银行存款——人民币（银行挂牌卖价折算）

(2) 卖出外币

借：银行存款——人民币（银行挂牌买价折算）
　　财务费用——汇兑差额（差额）
　贷：银行存款——外币（按即期汇率折算）

财务费用在借方，永远是银行赚钱、企业贴钱，“大汇率金额放在贷方，小汇率金额放在借方”

投资者投入外币资本

采用交易发生日的即期汇率折算，不得采用合同约定汇率或即期汇率的近似汇率折算

外币货币性项目

(1)

货币性项目	内容	资产负债表日 / 结算日（后续计量）	交易日（初始计量）
企业持有的货币和将以固定或可确定金额的货币收取的资产或者偿付的负债	货币性资产：库存现金、银行存款、应收账款、其他应收款、长期应收款等 货币性负债：短期借款、应付账款、其他应付款、长期借款、应付债券、长期应付款等	①采用资产负债表日或结算当日即期汇率进行折算，差额计入财务费用。 ②与外币专门借款有关的汇兑差额，满足资本化条件的，应当予以资本化，计入在建工程	采用交易发生日的即期汇率或即期汇率的近似汇率

(2) 外币货币性项目汇兑损益

①计算外币账户的期末外币余额 — 外币账户的期末外币余额 = 期初外币余额 + 本期增加的外币发生额 − 本期减少的外币发生额

②计算调整后记账本位币余额 — 调整后记账本位币余额 = 期末外币余额 × 期末即期汇率

③计算汇兑差额 — 汇兑差额 = 调整后记账本位币余额 − 调整前记账本位币余额

笔记区

外币折算

外币交易的会计处理

外币非货币性项目

非货币性项目	内容	资产负债表日 / 结算日（后续计量）原则	资产负债表日 / 结算日（后续计量）分录	交易日（初始计量）
货币性项目以外的项目	存货	按资产负债表日即期汇率计算可变现净值，可变现净值小于成本的部分计入资产减值损失	借：资产减值损失 贷：存货跌价准备	采用交易发生日的即期汇率或即期汇率的近似汇率
	交易性金融资产	按资产负债表日即期汇率折算，差额计入公允价值变动损益	借或贷：交易性金融资产 贷或借：公允价值变动损益	
	其他债权投资	按资产负债表日即期汇率折算，其公允价值变动计入其他综合收益，汇兑差额计入财务费用	借或贷：其他综合收益 / 财务费用 贷或借：其他债权投资	
	其他权益工具投资	按资产负债表日即期汇率折算，其本身的汇兑差额与公允价值变动计入其他综合收益，现金股利产生的汇兑差额计入当期损益	借或贷：其他权益工具投资 贷或借：其他综合收益 借或贷：应收股利 贷或借：财务费用	
	长期股权投资、固定资产、无形资产、预付款项、预收款项等	以历史成本计量的外币非货币性项目，仍采用交易发生日即期汇率折算，不产生汇兑差额	—	

外币财务报表折算

一般原则

（1）资产负债表

资产负债表	利润表	所有者权益变动表
①资产、负债项目：采用资产负债表日的即期汇率折算。 ②所有者权益项目： a.除“未分配利润”外的其他项目，采用发生时的即期汇率折算。 b.“未分配利润”项目是多年多个汇率的合计。 c.外币财务报表折算差额在“其他综合收益”项目列示（可转损益）	收入和费用项目：采用交易发生日的即期汇率折算，也可采用按照按照系统合理的方法确定的、与交易发生日即期汇率近似的汇率折算	①当期计提的盈余公积采用当期平均汇率折算。 ②期初盈余公积为以前年度计提的盈余公积按相应年度平均汇率折算后累计计算的金额

（2）利润表 — 收入和费用项目，采用交易发生日的即期汇率或即期汇率的近似汇率折算

- 包含境外经营的合并财务报表
  - （1）母公司承担的外币财务报表折算差额在所有者权益项目下的“其他综合收益”项目列示
  - （2）子公司少数股东承担的外币财务报表折算差额在所有者权益项目下的“少数股东权益”项目列示
- 境外经营的处置
  - （1）处置境外经营时，应当将资产负债表中所有者权益项目下列示的、与该境外经营相关的外币财务报表折算差额，自所有者权益项目转入处置当期损益
  - （2）部分处置境外经营的，应当按处置的比例计算处置部分的外币财务报表折算差额，转入处置当期损益

笔记区

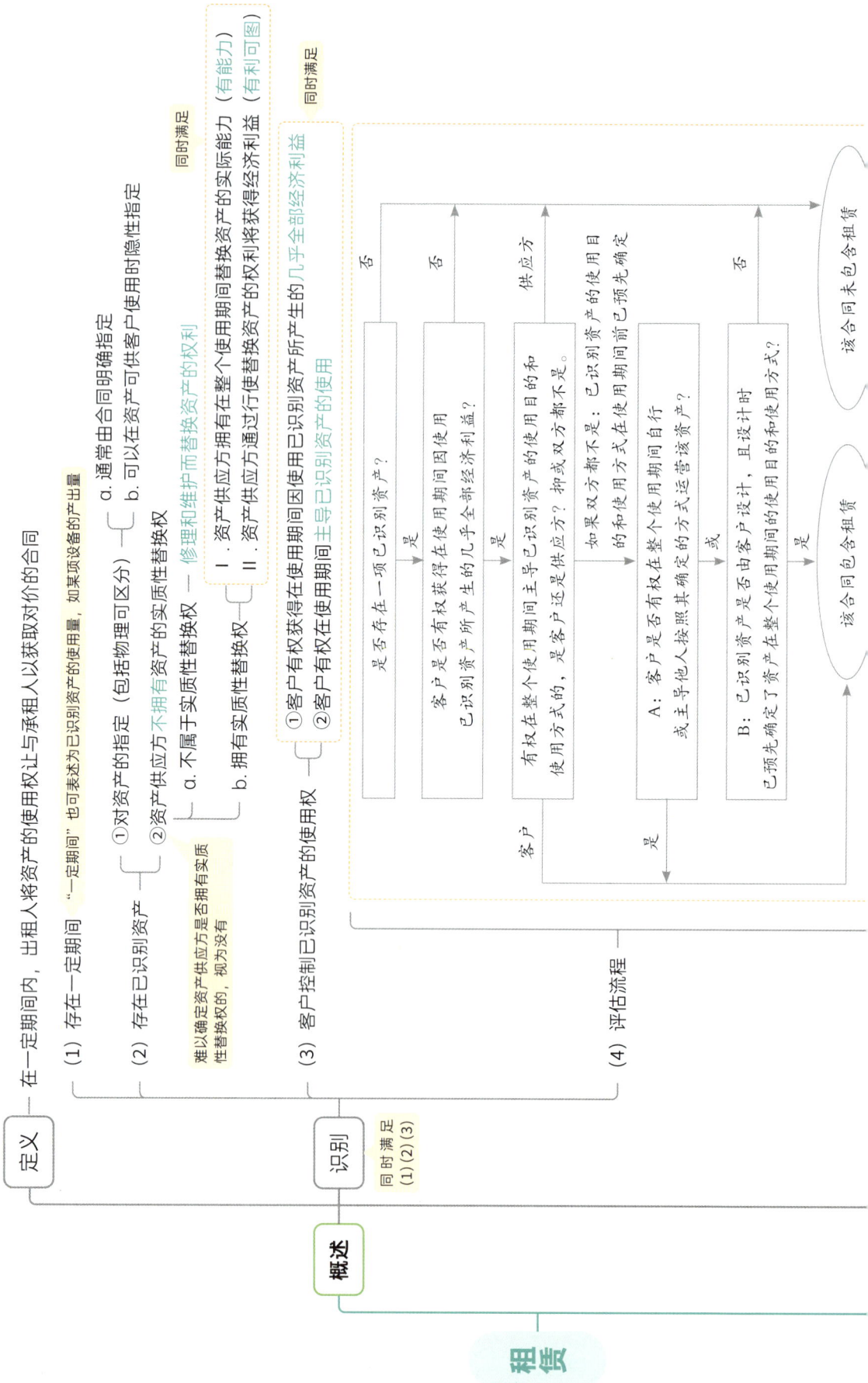

第十九章 租赁

（考5分）

- 租赁
  - 概述
    - 定义 — 在一定期间内，出租人将资产的使用权让与承租人以获取对价的合同
    - 识别（同时满足(1)(2)(3)）
      - （1）存在一定期间
        - “一定期间”也可表述为已识别资产的使用量，如某项设备的产出量
      - （2）存在已识别资产
        - ①对资产的指定（包括物理可区分）
          - a. 通常由合同明确指定
          - b. 可以在资产可供客户使用时隐性指定
        - ②资产供应方不拥有资产的实质性替换权
          - 难以确定资产供应方是否拥有实质性替换权的，视为没有
          - a. 不属于实质性替换权 — 修理和维护而替换资产的权利
          - b. 拥有实质性替换权（同时满足）
            - Ⅰ. 资产供应方拥有在整个使用期间替换资产的实际能力（有能力）
            - Ⅱ. 资产供应方通过行使替换资产的权利将获得经济利益（有利可图）
      - （3）客户控制已识别资产的使用权（同时满足）
        - ①客户有权获得在使用期间因使用已识别资产所产生的几乎全部经济利益
        - ②客户有权在使用期间主导已识别资产的使用
      - （4）评估流程

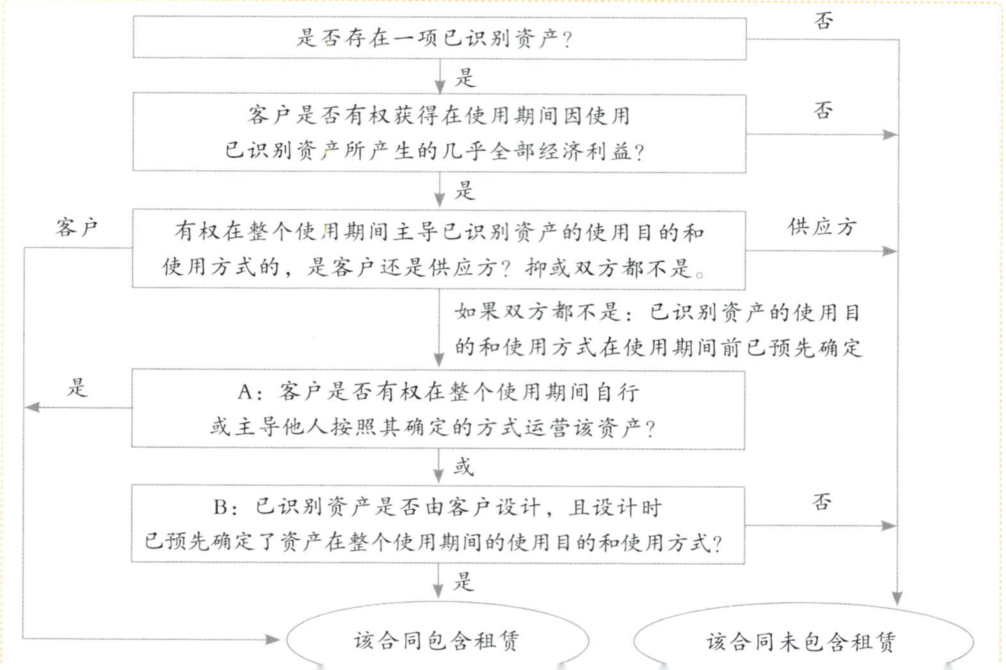

是否存在一项已识别资产？
否
是
客户是否有权获得在使用期间因使用已识别资产所产生的几乎全部经济利益？
否
是
有权在整个使用期间主导已识别资产的使用目的和使用方式的，是客户还是供应方？抑或双方都不是。
客户
供应方
如果双方都不是：已识别资产的使用目的和使用方式在使用期间前已预先确定
A：客户是否有权在整个使用期间自行或主导他人按照其确定的方式运营该资产？
是
或
B：已识别资产是否由客户设计，且设计时已预先确定了资产在整个使用期间的使用目的和使用方式？
否
是
该合同包含租赁
该合同未包含租赁

分拆

(1) 合同中同时包含多项单独租赁的，承租人和出租人应当将合同予以分拆，并分别按各项单独租赁进行会计处理

> 同时符合下列条件，使用已识别资产的权利构成合同中的一项单独租赁：
> ①承租人可从单独使用该资产或将其与易于获得的其他资源一起使用中获利。
> ②该资产与合同中的其他资产不存在高度依赖或高度关联关系

(2) 合同中同时包含租赁和非租赁部分

- ①承租人 — 按照各项租赁部分单独价格及非租赁部分的单独价格之和的相对比例分摊合同对价
- ②出租人 — 应当分拆租赁部分和非租赁部分

> 也可以简化处理，选择不分拆，将各租赁部分以及与其相关的非租赁部分合并为租赁

合并

(1) 基于总体商业目的订立并构成一揽子交易
(2) 某份合同的对价金额取决于其他合同的定价或履行情况
(3) 多份合同让渡的资产使用权合起来构成一项单独租赁

> 满足其一

租赁期

(1) 开始日 — 出租人提供租赁资产使其可供承租人使用的起始日期

> 如果承租人在租赁协议约定的起租日之前已获得对租赁资产使用权的控制（免租期），则表明租赁期已经开始

(2) 不可撤销期间

- ①如果双方均有权在未经另一方许可的情况下终止租赁，且所受惩罚不重大，则该租赁不再可强制执行
- ②如果只有承租人有权终止租赁，企业在确定租赁期时应将该项权利视为承租人可行使的终止租赁选择权予以考虑
- ③如果只有出租人有权终止租赁，则不可撤销的租赁期包括终止租赁选择权所涵盖的期间

(3) 续租选择权和终止租赁选择权

- ①企业应当评估承租人是否合理确定将行使续租选择权，或者将不行使终止租赁选择权
- ②承租人有续租选择权，且合理确定将行使该选择权的，租赁期还应当包含续租选择权所涵盖的期间
- ③承租人有终止租赁选择权，但合理确定将不会行使该选择权的，租赁期应当包含终止租赁选择权所涵盖的期间

(4) 重新评估 — 发生承租人可控范围内的重大事件或变化，且影响承租人是否合理确定将行使相应选择权的，承租人应当对其是否合理确定将行使续租选择权、购买选择权或不行使终止租赁选择权进行重新评估，并根据重新评估结果修改租赁期

笔记区

租赁

一般租赁业务的会计处理

- 承租人（不区分经营租赁和融资租赁）
  - (1) 一般处理
    - ①初始计量
      - a. 租赁负债
        - Ⅰ. 计量原则 — 按照租赁期开始日尚未支付的租赁付款额的现值进行初始计量
        - Ⅱ. 租赁付款额（扣除合同中存在的租赁激励相关金额）
          - · 固定付款额及实质固定付款额
          - · 取决于指数或比率的可变租赁付款额
          - · 购买选择权的行权价格
          - · 行使终止租赁选择权需支付的款项
          - · 根据承租人提供担保余值预计应支付的款项
          - · 不包括未来需要支付的增值税和保证金（新）
        - Ⅲ. 折现率 — 应当采用出租人的租赁内含利率，无法确定时采用承租人的增量借款利率

类别	内容	计量
取决于指数或比率的可变租赁付款额	与消费者价格指数挂钩的款项、与基准利率挂钩的款项和为反映市场租金费率变化而变动的款项等	纳入租赁负债初始计量
其他可变租赁付款额	与销售收入挂钩的款项等	不纳入租赁负债初始计量，发生时计入当期损益

      - b. 使用权资产
        - Ⅰ. 计量原则 — 在租赁期开始日，承租人应当按照成本对使用权资产进行初始计量
        - Ⅱ. 成本
          - · 租赁负债的初始计量金额
          - · 在租赁期开始日或之前支付的租赁付款额（扣除已享受的租赁激励相关金额）
          - · 承租人发生的初始直接费用
          - · 承租人为复原租赁资产所在场地预计将发生的成本
      - c. 会计分录
        - 借：使用权资产
        - 　　租赁负债——未确认融资费用
        - 　贷：租赁负债——租赁付款额
        - 　　　银行存款
    - ②后续计量
      - a. 租赁负债
        - Ⅰ. 确认租赁负债利息
          - 借：财务费用
          - 　贷：租赁负债——未确认融资费用
        - Ⅱ. 支付租赁付款额
          - 借：租赁负债——租赁付款额
          - 　贷：银行存款
        - Ⅲ. 取决于指数或比率之外的可变租赁付款额发生变动
          - 借：销售费用
          - 　贷：银行存款
        - Ⅳ. 重新计量
          - · 实质固定付款额发生变动
          - · 担保余值预计的应付金额发生变动
          - · 用于确定租赁付款额的指数或比率（不含浮动利率），因变动导致未来租赁付款额发生变动
          - （折现率不变）
          - 按照变动后的租赁付款额的现值重新计量租赁负债，并相应调整使用权资产的账面价值；使用权资产账面价值不足冲减的，计入当期损益

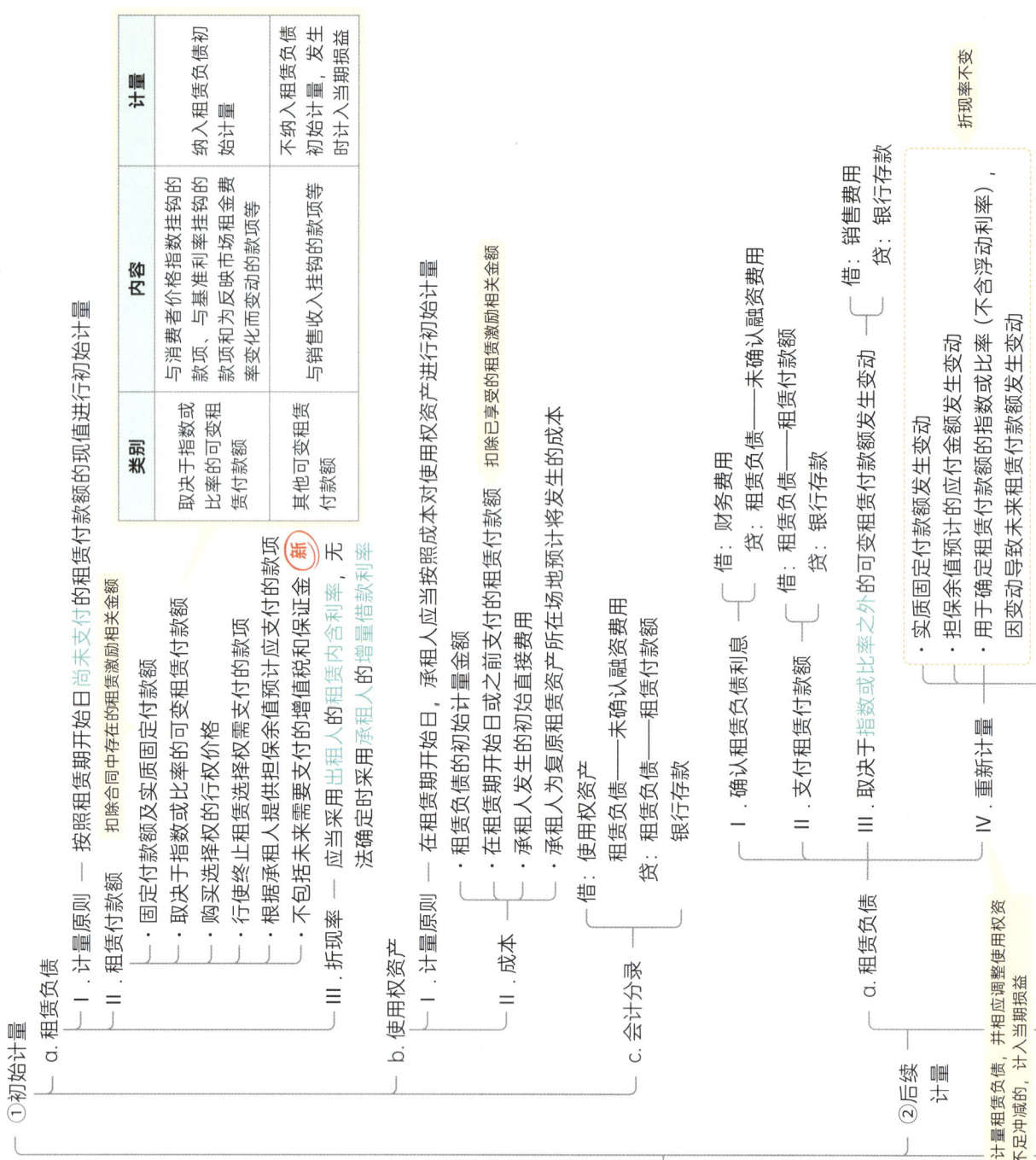

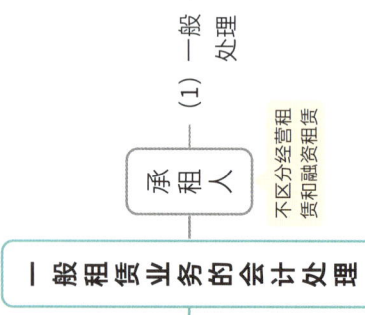

- ·浮动利率变动而导致未来租赁付款额发生变动
- ·购买选择权、续租选择权或终止租赁选择权的评估结果或实际行使情况发生变化（采用新折现率）

b. 使用权资产（成本模式计量）

- Ⅰ. 折旧（可选择租赁期开始的当月或下月计提折旧）
  - ·折旧年限
    - 能够合理确定租赁期届满时取得租赁资产所有权的，应当在租赁资产剩余使用寿命内计提折旧 → 无法合理确定租赁期届满时能够取得租赁资产所有权的，应当在租赁期与租赁资产剩余使用寿命两者孰短的期间内计提折旧 → 如果使用权资产的剩余使用寿命短于前两者，则应在使用权资产的剩余使用寿命内计提折旧（三者取孰短）
  - ·会计分录
    - 借：管理费用
    - 　贷：使用权资产累计折旧
- Ⅱ. 减值（不得转回）
  - 借：资产减值损失
  - 　贷：使用权资产减值准备
- Ⅲ. 改良支出
  - ·不影响使用权资产的账面价值
  - ·会计分录
    - 借：长期待摊费用
    - 　贷：银行存款

③租赁变更

- a. 作为一项单独租赁（不包含仅延长原租赁合同期限的情形）
  - Ⅰ. 通过增加一项或多项租赁资产的使用权而扩大了租赁范围（加量）
  - Ⅱ. 增加的对价与租赁范围扩大部分的单独价格金额相当（加价）
  - （同时满足）
- b. 未作为一项单独租赁（采用新折现率）
  - Ⅰ. 缩减范围或租期
    - ·处理原则 — 调减使用权资产的账面价值，应将部分终止或完全终止租赁的相关利得或损失计入资产处置损益
    - ·会计分录
      - 借：租赁负债——租赁付款额
      - 　　使用权资产减值准备
      - 　　使用权资产累计折旧
      - 　贷：租赁负债——未确认融资费用
      - 　　　使用权资产
      - 　　　资产处置损益
  - Ⅱ. 其他租赁变更
    - ·处理原则 — 调整使用权资产的账面价值
    - ·会计分录
      - 借：使用权资产
      - 　　租赁负债——未确认融资费用
      - 　贷：租赁负债——租赁付款额

租赁

一般租赁业务的会计处理

- 承租人（不区分经营租赁和融资租赁）
  - （2）简化处理
    - ①短期租赁 — 租赁期不超过 12 个月的租赁（不包括含有购买选择权的租赁）
    - ②低价值资产租赁
      - a. 单项租赁资产为全新资产时价值低于 40 000 元人民币的租赁
      - b. 已经或者预期把相关资产转租赁，则不能进行简化处理
    - ③会计处理
      - a. 不确认使用权资产和租赁负债
      - b. 在租赁期内各个期间按照直线法或其他系统合理的方法计入相关资产成本或当期损益
- 出租人
  - （1）租赁分类（出租人应当在租赁开始日将租赁分为融资租赁和经营租赁）
    - ①通常分类为融资租赁（满足其一）
      - a. 租赁期届满时，租赁资产的所有权转移给承租人
      - b. 租赁开始日可以合理确定承租人将行使购买租赁选择权
      - c. 租赁期占租赁资产使用寿命的 75% 以上（租赁前旧资产已使用年限超过资产自全新时起算可使用年限的 75% 以上时，不适用此判断标准）
      - d. 租赁收款额的现值占租赁资产公允价值的 90% 以上
      - e. 租赁资产性质特殊，如不作较大改造，只有承租人才能使用
    - ②可能分类为融资租赁
      - a. 若承租人撤销租赁，撤销租赁对出租人造成的损失由承租人承担
      - b. 资产余值的公允价值波动所产生的利得或损失归属于承租人
      - c. 承租人有能力以远低于市场水平的租金继续租赁至下一期间
    - ③经营租赁 — 融资租赁以外的其他租赁
  - （2）融资租赁的会计处理
    - ①初始计量
      - a. 租赁投资净额 — 租赁期开始日尚未收到的租赁收款额的现值与未担保余值的现值之和
      - b. 租赁内含利率 — 租赁投资净额等于租赁资产公允价值与出租人的初始直接费用之和的利率
      - c. 租赁收款额
        - Ⅰ. 承租人需支付的固定付款额及实质固定付款额（扣除租赁激励）
        - Ⅱ. 取决于指数或比率的可变租赁付款额（根据租赁期开始日的指数或比率确定）
        - Ⅲ. 购买选择权的行权价格
        - Ⅳ. 承租人行使终止租赁选择权需支付的款项
        - Ⅴ. 承租人或第三方向出租人提供的担保余值
        - Ⅵ. 不包括未来需要收取的增值税和保证金（新）
      - d. 会计分录
        - 借：应收融资租赁款——租赁收款额
        - 　贷：银行存款（初始直接费用）
        - 　　融资租赁资产（账面价值）
        - 　　应收融资租赁款——未实现融资收益
        - 　　资产处置损益（账面价值与公允价值的差额，或借方）
    - ②后续计量
      - a. 处理原则
        - Ⅰ. 出租人应当按照固定的周期性利率计算并确认租赁期内各个期间的利息收入
        - Ⅱ. 出租人应定期复核计算租赁投资总额时所使用的未担保余值
      - b. 确认租金
        - 借：银行存款

- c. 摊销未实现融资收益 —— 借：应收融资租赁款——未实现融资收益
  - 贷：租赁收入
- d. 取决于指数或比率之外的可变租赁收款额发生变动
  - 借：银行存款
  - 贷：租赁收入

③融资租赁变更

- a. 作为一项单独租赁（同时满足）
  - Ⅰ. 租赁变更通过增加一项或多项租赁资产的使用权而扩大了租赁范围
  - Ⅱ. 增加的对价与租赁范围扩大部分的单独价格金额相当
- b. 未作为一项单独租赁
  - Ⅰ. 变更后为经营租赁
    - 借：固定资产（租赁变更生效日前的租赁投资净额）
    - 应收融资租赁款——未实现融资收益
    - 贷：应收融资租赁款——租赁收款额
  - Ⅱ. 变更后为融资租赁
    - 借：租赁收入（变更前后应收融资租赁款的差额）
    - 应收融资租赁款——未实现融资收益
    - 贷：应收融资租赁款——租赁收款额

(3) 经营租赁的会计处理

①初始计量

- a. 出租人发生的与经营租赁有关的初始直接费用应当资本化至租赁标的资产的成本
- b. 会计分录
  - 借：固定资产
  - 贷：银行存款

②后续计量

- a. 折旧
  - 借：其他业务成本
  - 贷：累计折旧
- b. 减值
  - 借：资产减值损失
  - 贷：固定资产减值准备
- c. 确认租金
  - 借：银行存款
  - 贷：租赁收入
  - 出租人提供免租期的，出租人应将租金总额在不扣除免租期的整个租赁期间内，按直线法或其他合理的方法进行分配，免租期内应当确认租金收入
- d. 取决于指数或比率之外的可变租赁收款额发生变动
  - 借：银行存款
  - 贷：租赁收入

③经营租赁的变更 —— 自变更生效日开始，将其作为新租赁处理

笔记区

租赁

特殊租赁业务的会计处理

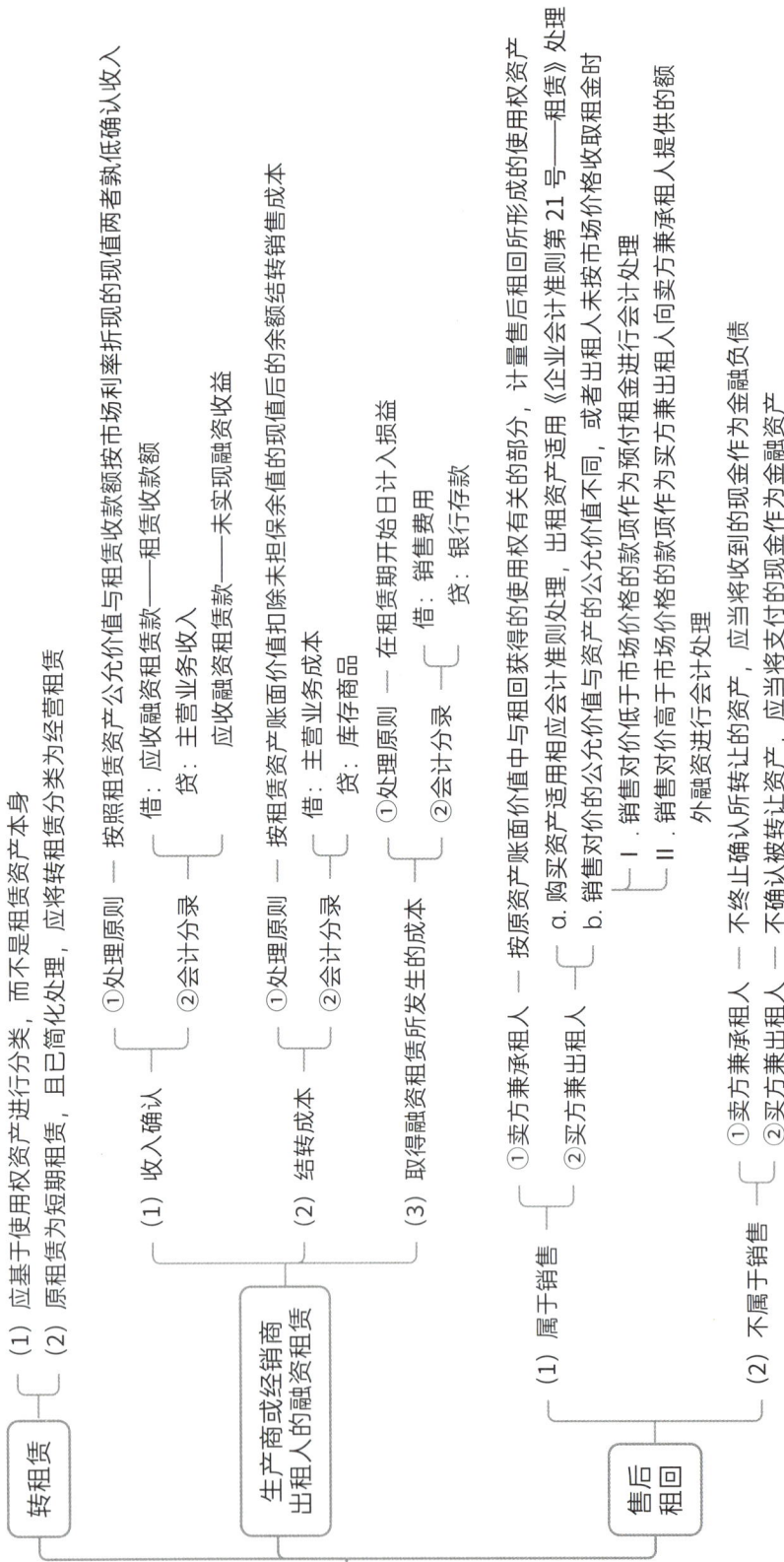

- 转租赁
  - （1）应基于使用权资产进行分类，而不是租赁资产本身
  - （2）原租赁为短期租赁，且已简化处理，应将转租赁分类为经营租赁
- 生产商或经销商出租人的融资租赁
  - （1）收入确认
    - ①处理原则 — 按照租赁资产公允价值与租赁收款额按市场利率折现的现值两者孰低确认收入
    - ②会计分录
      - 借：应收融资租赁款——租赁收款额
      - 贷：主营业务收入
      - 应收融资租赁款——未实现融资收益
  - （2）结转成本
    - ①处理原则 — 按租赁资产账面价值扣除未担保余值的现值后的余额结转销售成本
    - ②会计分录
      - 借：主营业务成本
      - 贷：库存商品
  - （3）取得融资租赁所发生的成本
    - ①处理原则 — 在租赁期开始日计入损益
    - ②会计分录
      - 借：销售费用
      - 贷：银行存款
- 售后租回
  - （1）属于销售
    - ①卖方兼承租人 — 按原资产账面价值中与租回获得的使用权有关的部分，计量售后租回所形成的使用权资产
    - ②买方兼出租人
      - a. 购买资产适用相应会计准则处理，出租资产适用《企业会计准则第 21 号——租赁》处理
      - b. 销售对价的公允价值与资产的公允价值不同，或者出租人未按市场价格收取租金时
        - Ⅰ. 销售对价低于市场价格的款项作为预付租金进行会计处理
        - Ⅱ. 销售对价高于市场价格的款项作为买方兼出租人向卖方兼承租人提供的额外融资进行会计处理
  - （2）不属于销售
    - ①卖方兼承租人 — 不终止确认所转让的资产，应当将收到的现金作为金融负债
    - ②买方兼出租人 — 不确认被转让资产，应当将支付的现金作为金融资产

笔记区

第二十章 持有待售的非流动资产、处置组和终止经营 （考2分）

持有待售的非流动资产、处置组和终止经营

持有待售的非流动资产、处置组

- 分类原则
  - （1）划分条件（同时满足）
    - ①可立即出售
    - ②出售极有可能发生（同时满足）
      - a. 出售非流动资产或处置组的决议已经获得批准
      - b. 已经获得确定的购买承诺
      - c. 预计自划分为持有待售类别起一年内，出售交易能够完成
        - 延长一年期限的例外条款：Ⅰ. 不是关联方交易；Ⅱ. 有充分证据表明企业仍然承诺出售非流动资产或处置组；Ⅲ. 存在意外设定条件或发生罕见情况
  - （2）具体应用
    - ①专为转售而取得的非流动资产或处置组 — 取得日满足预计一年内出售，且短期（通常三个月）内很可能满足划分为持有待售类别的其他条件，应当在取得日划分为持有待售类别
    - ②持有待售的长期股权投资

情形	个别财务报表	合并财务报表
成本法核算的股权投资丧失控制权	丧失控制权之前的全部股权划分为持有待售	子公司所有资产和负债划分为持有待售
成本法核算的股权投资未丧失控制权	不属于持有待售	—
权益法核算的股权投资部分出售，终止权益法核算	出售部分终止权益法核算，并划分为持有待售；剩余股权在出售股权处置前仍采用权益法核算	不涉及

    - ③拟结束使用而非出售的非流动资产或处置组 — 不划分为持有待售
- 计量
  - （1）划分为持有待售类别前
    - ①按照相关会计准则规定计量非流动资产或处置组中各项资产和负债的账面价值
    - ②计提折旧和摊销
    - ③考虑进行减值测试（不得转回）
  - （2）划分为持有待售类别时
    - ①会计处理
      - a. 计算持有待售的非流动资产或处置组的账面价值
      - b. 计算持有待售的非流动资产或处置组的公允价值减去出售费用后的净额
        - 出售费用是企业发生的可以直接归属于出售资产或处置组的增量费用
      - c. 两者孰低计量，差额计提减值准备
        - 账面价值以减记至零为限，可根据需要确认预计负债
    - ②会计分录
      - 借：资产减值损失
      - 贷：持有待售资产减值准备
    - ③取得日划分
      - a. 总体原则（两者孰低）
        - Ⅰ. 假定其不划分为持有待售类别情况下的初始计量金额
        - Ⅱ. 公允价值减去出售费用后的净额

后的净额孰低计量

- d. 除企业合并外 — 若以公允价值减去出售费用后的净额作为初始计量金额，则产生的差额应当计入当期损益

不计提折旧和摊销

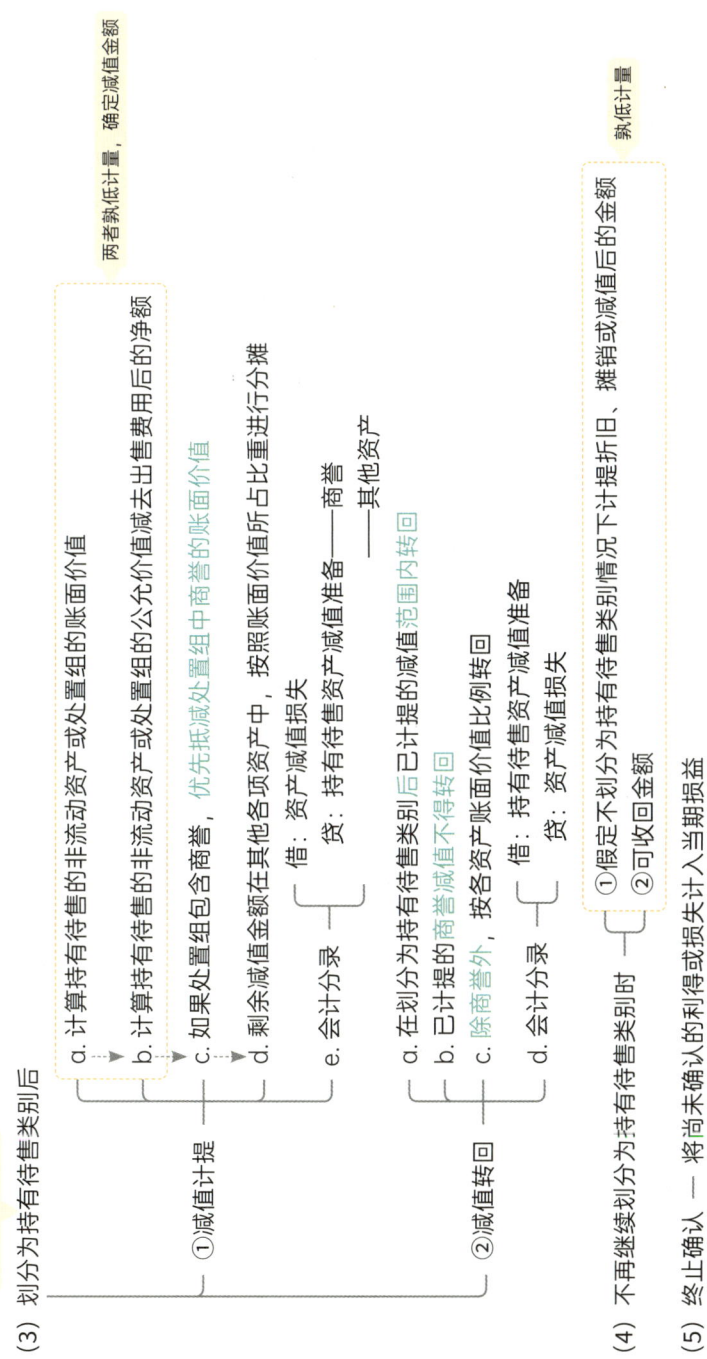

- (3) 划分为持有待售类别后
  - ①减值计提
    - a. 计算持有待售的非流动资产或处置组的账面价值
    - b. 计算持有待售的非流动资产或处置组的公允价值减去出售费用后的净额

      （两者孰低计量，确定减值金额）
    - c. 如果处置组包含商誉，优先抵减处置组中商誉的账面价值
    - d. 剩余减值金额在其他各项资产中，按照账面价值所占比重进行分摊
    - e. 会计分录
      - 借：资产减值损失
      - 贷：持有待售资产减值准备——商誉
      - ——其他资产
  - ②减值转回
    - a. 在划分为持有待售类别后已计提的减值范围内转回
    - b. 已计提的商誉减值不得转回
    - c. 除商誉外，按各资产账面价值比例转回
    - d. 会计分录
      - 借：持有待售资产减值准备
      - 贷：资产减值损失
- (4) 不再继续划分为持有待售类别时
  - ①假定不划分为持有待售类别情况下计提折旧、摊销或减值后的金额
  - ②可收回金额

  （孰低计量）
- (5) 终止确认 — 将尚未确认的利得或损失计入当期损益

终止经营

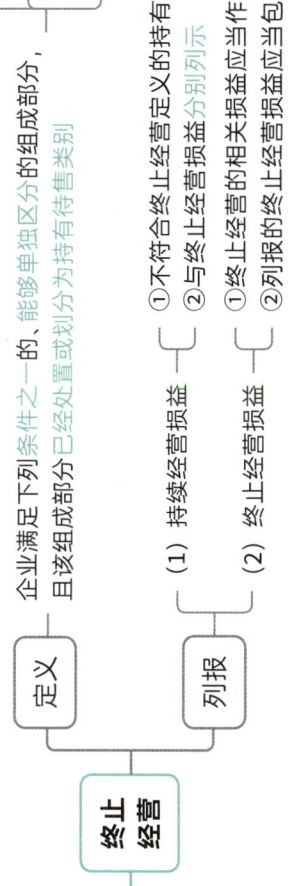

- 定义：企业满足下列条件之一的、能够单独区分的组成部分，且该组成部分已经处置或划分为持有待售类别
  - ①该组成部分代表一项独立的主要业务或一个单独的主要经营地区
  - ②该组成部分是拟对一项独立的主要业务或一个单独的主要经营地区进行处置的一项相关联计划的一部分
  - ③该组成部分是专为转售而取得的子公司
- 列报
  - (1) 持续经营损益
    - ①不符合终止经营定义的持有待售的非流动资产或处置组所产生的相关损益
    - ②与终止经营损益分别列示
  - (2) 终止经营损益
    - ①终止经营的相关损益应当作为终止经营损益列报
    - ②列报的终止经营损益应当包含整个报告期间

第二十一章 企业合并与合并财务报表（考17分）

企业合并与合并财务报表

企业合并

概述

- （1）类型
  - ①同一控制下企业合并
  - ②非同一控制下企业合并
- （2）会计处理
  - ①同一控制下企业合并
    - a. 定义 — 参与合并的企业在合并前后均受同一方或相同的多方最终控制且该控制并非暂时性（≥ 1 年）的合并交易
    - b. 控股合并
      - Ⅰ. 长期股权投资的确认和计量 — 详见“第六章”成本法核算的长期股权投资
      - Ⅱ. 合并财务报表 — 详见本章第二节“合并财务报表的编制”
    - c. 吸收合并
      - Ⅰ. 将取得的资产、负债按照相关资产、负债在最终控制方合并财务报表中账面价值入账
      - Ⅱ. 以发行权益性证券方式进行的该类合并，所确认的净资产入账价值与发行股份面值总额的差额，应计入资本公积，资本公积的余额不足冲减的，应调整盈余公积和未分配利润
      - Ⅲ. 以支付现金、转让非现金资产或承担债务方式进行的该类合并，根据所确认的净资产入账价值与支付的现金、转让的非现金资产及承担债务账面价值的差额，相应调整资本公积，资本公积的余额不足冲减的，应调整盈余公积和未分配利润
  - ②非同一控制下企业合并
    - a. 定义
      - Ⅰ. 参与合并各方在合并前后不受同一方或相同的多方最终控制的合并交易，即同一控制下企业合并以外的其他企业合并
      - Ⅱ. 基本处理原则是购买法
    - b. 控股合并
      - Ⅰ. 长期股权投资的确认和计量 — 详见“第六章”成本法核算的长期股权投资
      - Ⅱ. 合并财务报表 — 详见本章第二节“合并财务报表的编制”
    - c. 吸收合并
      - Ⅰ. 合并中取得的可辨认资产和负债作为个别报表中的项目列示
      - Ⅱ. 合并中产生的商誉作为购买方个别财务报表中的资产列示

企业合并财务报表的编制

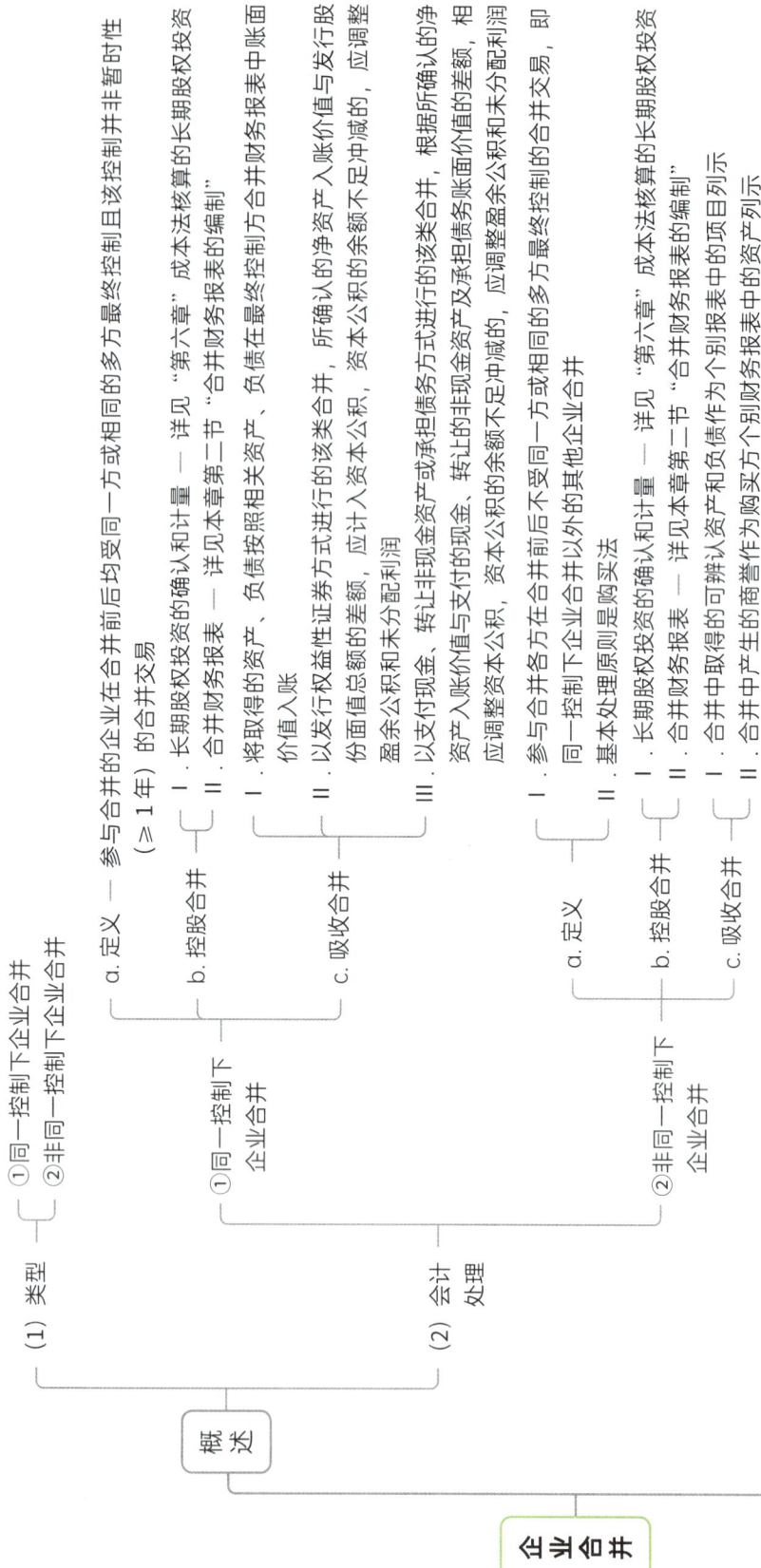

（1）同一控制下企业合并财务报表的编制

报表	编制要求
资产负债表	调整合并资产负债表的期初数，合并资产负债表的留存收益项目应当反映母子公司视同一直作为一个整体运行至合并日应实现的盈余公积和未分配利润的情况，同时应当对比较报表的相关项目进行调整
利润表	将该子公司或业务自合并当期期初至报告期末的收入、费用、利润纳入合并利润表，同时应当对比较报表的相关项目进行调整
现金流量表	将该子公司或业务自合并当期期初到报告期末的现金流量纳入合并现金流量表，同时应当对比较报表的相关项目进行调整

（2）非同一控制下企业合并财务报表的编制

报表	编制要求
资产负债表	购买日开始编制合并资产负债表
利润表	将该子公司或业务自购买日至报告期末的收入、费用、利润纳入合并利润表
现金流量表	将该子公司或业务自购买日到报告期末的现金流量纳入合并现金流量表

合并财务报表的编制

财务报表概述

（1）构成

内容	资产负债表	利润表	现金流量表	所有者权益变动表	附注
编制基础	权责发生制	权责发生制	收付实现制	权责发生制	—

（2）分类

分类标准	分类
编报期间	中期财务报表和年度财务报表
编报主体	个别财务报表和合并财务报表

合并财务报表概述

（1）内容
- ①合并财务报表至少应当包括合并资产负债表、合并利润表、合并现金流量表、合并所有者权益（或股东权益）变动表和附注
- ②企业集团中期、期末编制合并财务报表的，至少应当包括合并资产负债表、合并利润表、合并现金流量表和附注

（2）编制原则
- ①以个别财务报表为基础编制
- ②一体性原则
- ③重要性原则

（3）前期准备事项
- ①统一母子公司的会计政策
- ②统一母子公司的资产负债表日及会计期间
- ③对子公司以外币表示的财务报表进行折算
- ④收集编制合并财务报表的相关资料

子公司向母公司看齐

（4）编制程序
- ①设置合并工作底稿
- ②将个别财务报表的数据过入合并工作底稿
- ③编制调整分录与抵销分录
- ④计算合并财务报表各项目的合并数额
- ⑤填列合并财务报表

企业合并与合并财务报表

合并财务报表的编制

合并财务报表的会计处理

(1) 非同一控制下企业合并

①购买日

事项		当年调整分录	连续编报调整分录
先调整（公允价值＞账面价值）	存货	借：存货 贷：资本公积 递延所得税负债	—
	固定资产、无形资产	借：固定资产、无形资产 贷：资本公积 递延所得税负债	—
后抵销	抵销母公司长期股权投资与子公司所有者权益	借：股本 资本公积 其他综合收益 盈余公积 未分配利润 商誉 贷：长期股权投资 少数股东权益	—

②资产负债表日

a. 先调整

Ⅰ. 存货

事项	当年调整分录	连续编报调整分录
未出售	借：存货 贷：资本公积 递延所得税负债	借：存货 贷：资本公积 递延所得税负债
部分出售	借：存货 贷：资本公积 递延所得税负债 借：营业成本 贷：存货（出售部分） 借：递延所得税负债（出售部分 × 所得税税率） 贷：所得税费用	以前年度出售部分（替换损益类科目）： 借：存货 贷：资本公积 递延所得税负债 借：未分配利润——年初 贷：存货（以前年度出售部分） 借：递延所得税负债 贷：未分配利润——年初（以前年度出售部分 × 所得税税率） 本年出售部分： 借：营业成本 贷：存货（本年出售部分） 借：递延所得税负债（本年出售部分 × 所得税税率） 贷：所得税费用
全部出售	借：存货 贷：资本公积 递延所得税负债 借：营业成本 贷：存货 借：递延所得税负债 贷：所得税费用	（替换损益类科目） 借：存货 贷：资本公积 递延所得税负债 借：未分配利润——年初 贷：存货 借：递延所得税负债 贷：未分配利润——年初

事项	当年调整分录	连续编报调整分录
调整公允价值大于账面价值差额	借：固定资产、无形资产 　贷：资本公积 　　递延所得税负债	借：固定资产、无形资产 　贷：资本公积 　　递延所得税负债
调整公允价值高于账面价值差额部分的折旧、摊销额	借：管理费用 　贷：固定资产、无形资产（公允价值高于账面价值部分本年折旧、摊销额） 借：递延所得税负债 　贷：所得税费用（公允价值高于账面价值部分本年折旧、摊销额 × 所得税税率）	以前年度部分（替换损益类科目）： 借：未分配利润——年初 　贷：固定资产、无形资产（公允价值高于账面价值部分以前年度折旧、摊销额） 借：递延所得税负债 　贷：未分配利润——年初（公允价值高于账面价值部分以前年度折旧、摊销额 × 所得税税率） 当年部分： 借：管理费用 　贷：固定资产、无形资产（公允价值高于账面价值部分本年折旧、摊销额） 借：递延所得税负债 　贷：所得税费用（公允价值高于账面价值部分本年折旧、摊销额 × 所得税税率）

III . 按权益法调整对子公司的长期股权投资

事项	当年调整分录	连续编报调整分录
子公司盈亏的调整	借或贷：长期股权投资 　贷或借：投资收益	借或贷：长期股权投资 　贷或借：未分配利润——年初 借或贷：长期股权投资 　贷或借：投资收益
子公司宣告分派现金股利的调整	借：投资收益 　贷：长期股权投资	借：未分配利润——年初 　贷：长期股权投资 借：投资收益 　贷：长期股权投资
子公司其他综合收益变动的调整	借或贷：长期股权投资 　贷或借：其他综合收益——本年	借或贷：长期股权投资 　贷或借：其他综合收益——年初 借或贷：长期股权投资 　贷或借：其他综合收益——本年
子公司除净损益、其他综合收益以及利润分配以外所有者权益的其他变动的调整	借或贷：长期股权投资 　贷或借：资本公积——本年	借或贷：长期股权投资 　贷或借：资本公积——年初 借或贷：长期股权投资 　贷或借：资本公积——本年

合并财务报表的编制

合并财务报表的会计处理

(1) 非同一控制下企业合并

②资产负债表日

b. 后抵销

事项	当年调整分录	连续编报调整分录
抵销母公司长期股权投资与子公司所有者权益	借：股本 资本公积 其他综合收益 盈余公积 未分配利润 商誉 贷：长期股权投资 少数股东权益	借：股本 资本公积 其他综合收益 盈余公积 未分配利润 商誉 贷：长期股权投资 少数股东权益
抵销母公司对子公司、子公司相互之间持有对方长期股权投资的投资收益	借：投资收益 少数股东损益 未分配利润——年初 贷：提取盈余公积 对所有者（或股东）的分配 未分配利润——年末	借：投资收益 少数股东损益 未分配利润——年初 贷：提取盈余公积 对所有者（或股东）的分配 未分配利润——年末
抵销内部交易	见“内部交易的抵销分录”	

(2) 同一控制下企业合并

①合并日

事项		当年调整分录	连续编报调整分录
先调整		不需要调整	不需要调整
后抵销	抵销母公司长期股权投资与子公司所有者权益	借：股本 资本公积 其他综合收益 盈余公积 未分配利润 贷：长期股权投资 少数股东权益 借：资本公积 贷：盈余公积 未分配利润 其他综合收益	—

a. 先调整 — 按权益法调整对子公司的长期股权投资

事项	当年调整分录	连续编报调整分录
子公司盈亏的调整	借或贷：长期股权投资 贷或借：投资收益	借或贷：长期股权投资 贷或借：未分配利润——年初 借或贷：长期股权投资 贷或借：投资收益

②资产负债表日

事项	当年调整分录	连续编报调整分录
子公司宣告分派现金股利的调整	借：投资收益 　贷：长期股权投资	借：未分配利润——年初 　贷：长期股权投资 借：投资收益 　贷：长期股权投资
子公司其他综合收益变动的调整	借或贷：长期股权投资 　贷或借：其他综合收益——本年	借或贷：长期股权投资 　贷或借：其他综合收益——年初 借或贷：长期股权投资 　贷或借：其他综合收益——本年
子公司除净损益、其他综合收益以及利润分配以外所有者权益的其他变动的调整	借或贷：长期股权投资 　贷或借：资本公积——本年	借或贷：长期股权投资 　贷或借：资本公积——年初 借或贷：长期股权投资 　贷或借：资本公积——本年

b. 后抵销

事项	当年调整分录	连续编报调整分录
抵销母公司长期股权投资与子公司所有者权益	借：股本 　资本公积 　其他综合收益 　盈余公积 　未分配利润 　贷：长期股权投资 　　少数股东权益 借：资本公积 　贷：盈余公积 　　未分配利润 　　其他综合收益	借：股本 　资本公积 　其他综合收益 　盈余公积 　未分配利润 　贷：长期股权投资 　　少数股东权益 借：资本公积 　贷：盈余公积 　　未分配利润 　　其他综合收益
抵销母公司对子公司、子公司相互之间持有对方长期股权投资的投资收益	借：投资收益 　少数股东损益 　未分配利润——年初 　贷：提取盈余公积 　　对所有者（或股东）的分配 　　未分配利润——年末	借：投资收益 　少数股东损益 　未分配利润——年初 　贷：提取盈余公积 　　对所有者（或股东）的分配 　　未分配利润——年末
抵销内部交易	见“内部交易的抵销分录”	

企业合并与合并财务报表

合并财务报表的编制

合并财务报表的会计处理

(3) 内部交易的抵销

①内部债权债务的抵销

a. 应收账款和应付账款抵销

情形		当年抵销分录	连续编报抵销分录
资产负债表日	一般情况	借：应付账款（期末余额） 贷：应收账款（期末余额）	借：应付账款（期末余额） 贷：应收账款（期末余额）
	计提坏账准备	借：应收账款 贷：信用减值损失 借：所得税费用 贷：递延所得税资产（本年计提坏账准备金额 × 所得税税率）	借：应收账款 贷：未分配利润——年初（以前年度计提的坏账准备金额） 借：未分配利润——年初 贷：递延所得税资产（以前年度计提坏账准备金额 × 所得税税率） 借：应收账款 贷：信用减值损失（本年计提的坏账准备金额） 借：所得税费用 贷：递延所得税资产（本年计提坏账准备金额 × 所得税税率）
	转回坏账准备	不涉及	借：应收账款 贷：未分配利润——年初（以前年度计提的坏账准备金额） 借：未分配利润——年初 贷：递延所得税资产（以前年度计提坏账准备金额 × 所得税税率） 借：信用减值损失（本年转回坏账准备金额） 贷：应收账款 借：递延所得税资产（本年转回坏账准备金额 × 所得税税率） 贷：所得税费用

b. 其他债权与债务的抵销

情形	抵销分录
当应付债券的摊余成本大于债权投资（其他债权投资）的摊余成本时	借：应付债券（个别财务报表的摊余成本） 贷：债权投资（个别财务报表的摊余成本） 财务费用
当应付债券的摊余成本小于债权投资（其他债权投资）的摊余成本时	借：应付债券（个别财务报表的摊余成本） 投资收益 贷：债权投资（个别财务报表的摊余成本）

②内部商品交易的抵销

a. 一般情况

情形		当年抵销分录	连续编报抵销分录
资产负债表日	结存未售	借：营业收入（内部交易售价，即销售方存货售价） 贷：营业成本（内部交易成本，即销售方存货成本） 存货（期末留存存货虚增价值）	借：未分配利润——年初 贷：存货

续表

情形		当年抵销分录	连续编报抵销分录
资产负债表日	全部出售	借：营业收入（内部交易售价，即销售方存货售价） 　贷：营业成本（购买方存货成本）	借：未分配利润——年初 　贷：存货 借：存货 　贷：营业成本
	部分出售	借：营业收入（内部交易售价，即销售方存货售价） 　贷：营业成本 借：营业成本 　贷：存货（留存部分虚增价值）	借：未分配利润——年初 　贷：营业成本 借：营业成本 　贷：存货（期末留存部分虚增价值）

b. 涉及存货跌价准备的抵销

Ⅰ. 计算集团合并财务报表中存货的账面价值

Ⅱ. 计算存货的可收回金额

Ⅲ. 比较合并财务报表存货账面价值与可收回金额，确定合并财务报表中应计提的存货跌价准备

Ⅳ. 与个别财务报表中已计提的存货跌价准备进行比较，抵销分录为：

借：存货

　贷：资产减值损失

c. 涉及所得税的抵销

Ⅰ. 计算合并报告主体该批存货的账面价值（已计提减值准备的需要扣除）

Ⅱ. 计算该批存货的计税基础，此计税基础为购买方购入该批存货的历史成本

Ⅲ. 比较前两步的结果，分别确认应纳税暂时性差异或可抵扣暂时性差异（多数情况为可抵扣），进而计算递延所得税负债或递延所得税资产

Ⅳ. 将合并主体应确认的递延所得税负债（或递延所得税资产）与个别财务报表中已确认的递延所得税负债（或递延所得税资产）进行比较，然后通过抵销分录进行处理

企业合并与合并财务报表

合并财务报表的编制

合并财务报表的会计处理

（3）内部交易的抵销

②内部商品交易的抵销

d. 涉及少数股东的抵销（逆流交易） 顺流交易不需要考虑

当年抵销分录	连续编报抵销分录
借：少数股东权益 　贷：少数股东损益	借：少数股东权益 　贷：未分配利润——年初 借：少数股东损益 　贷：少数股东权益（以前年度母子公司销售资产发生未实现内部交易损益在本期实现） 提示：少数股东损益＝（子公司实现的净利润－子公司向集团内其他公司销售商品未实现内部交易损益）×子公司少数股东持股比例

③内部固定资产交易的抵销 内部无形资产交易的抵销与内部固定资产交易的抵销原理相同

情形		当年抵销分录	连续编报抵销分录
交易时	存货→固定资产	借：营业收入（内部交易收入） 　贷：营业成本（内部交易成本） 　　固定资产（内部交易的利润）	借：未分配利润——年初 　贷：固定资产（内部交易的利润）
	固定资产→固定资产	借或贷：资产处置收益 　贷或借：固定资产	
资产负债表日	多提折旧的抵销	借：固定资产——累计折旧 　贷：管理费用（内部交易当期多提折旧）	借：固定资产——累计折旧（期初累计多提折旧） 　贷：未分配利润——年初
	到期清理	借：未分配利润——年初 　贷：管理费用（当期多提折旧）	不涉及
	超期使用	借：未分配利润——年初 　贷：固定资产（内部交易利润）	借：未分配利润——年初 　贷：固定资产（内部交易利润）
	提前清理	借：未分配利润——年初（内部交易的利润） 　贷：资产处置收益 借：资产处置收益 　贷：未分配利润——年初（期初累计多提折旧） 借：资产处置收益 　贷：管理费用（当期多提折旧）	不涉及

笔记区

第二十二章 会计政策、会计估计变更和差错更正 （考4分）

会计政策、会计估计变更和差错更正

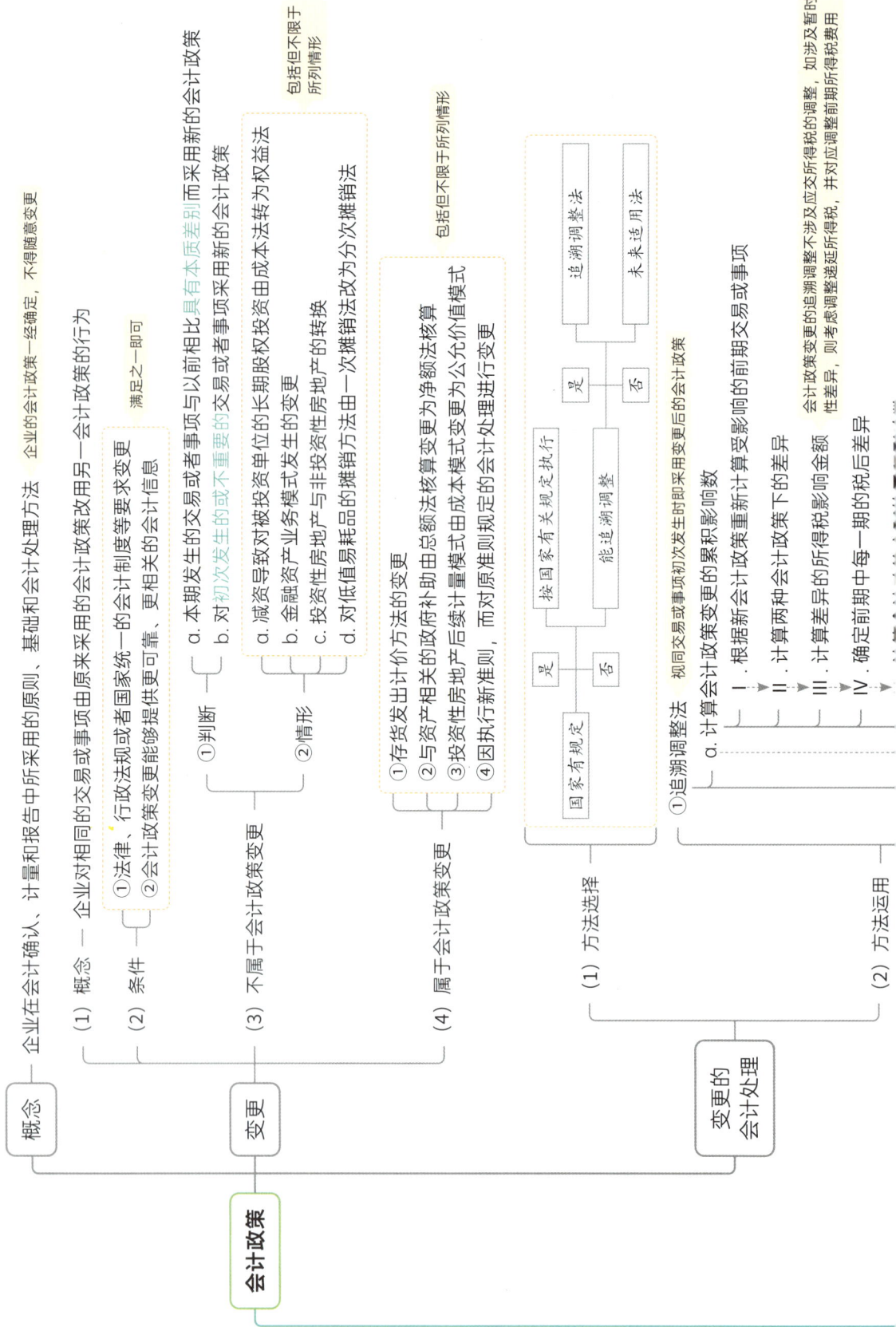

- **会计政策**
  - 概念 — 企业在会计确认、计量和报告中所采用的原则、基础和会计处理方法　企业的会计政策一经确定，不得随意变更
  - 变更
    - （1）概念 — 企业对相同的交易或事项由原来采用的会计政策改用另一会计政策的行为
    - （2）条件（满足之一即可）
      - ①法律、行政法规或者国家统一的会计制度等要求变更
      - ②会计政策变更能够提供更可靠、更相关的会计信息
    - （3）不属于会计政策变更
      - ①判断
        - a. 本期发生的交易或者事项与以前相比具有本质差别而采用新的会计政策
        - b. 对初次发生的或不重要的交易或者事项采用新的会计政策
      - ②情形（包括但不限于所列情形）
        - a. 减资导致对被投资单位的长期股权投资由成本法转为权益法
        - b. 金融资产业务模式发生的变更
        - c. 投资性房地产与非投资性房地产的转换
        - d. 对低值易耗品的摊销方法由一次摊销法改为分次摊销法
    - （4）属于会计政策变更（包括但不限于所列情形）
      - ①存货发出计价方法的变更
      - ②与资产相关的政府补助由总额法核算变更为净额法核算
      - ③投资性房地产后续计量模式由成本模式变更为公允价值模式
      - ④因执行新准则，而对原准则规定的会计处理进行变更
  - 变更的会计处理
    - （1）方法选择
      - 国家有规定 — 是 → 按国家有关规定执行
      - 国家有规定 — 否 → 能追溯调整
        - 是 → 追溯调整法
        - 否 → 未来适用法
    - （2）方法运用
      - ①追溯调整法　视同交易或事项初次发生时即采用变更后的会计政策
        - a. 计算会计政策变更的累积影响数
          - Ⅰ. 根据新会计政策重新计算受影响的前期交易或事项
          - Ⅱ. 计算两种会计政策下的差异
          - Ⅲ. 计算差异的所得税影响金额　会计政策变更的追溯调整不涉及应交所得税的调整，如涉及暂时性差异，则考虑调整递延所得税，并对应调整前期所得税费用
          - Ⅳ. 确定前期中每一期的税后差异

- c. 调整财务报表相关项目
- d. 财务报表附注说明

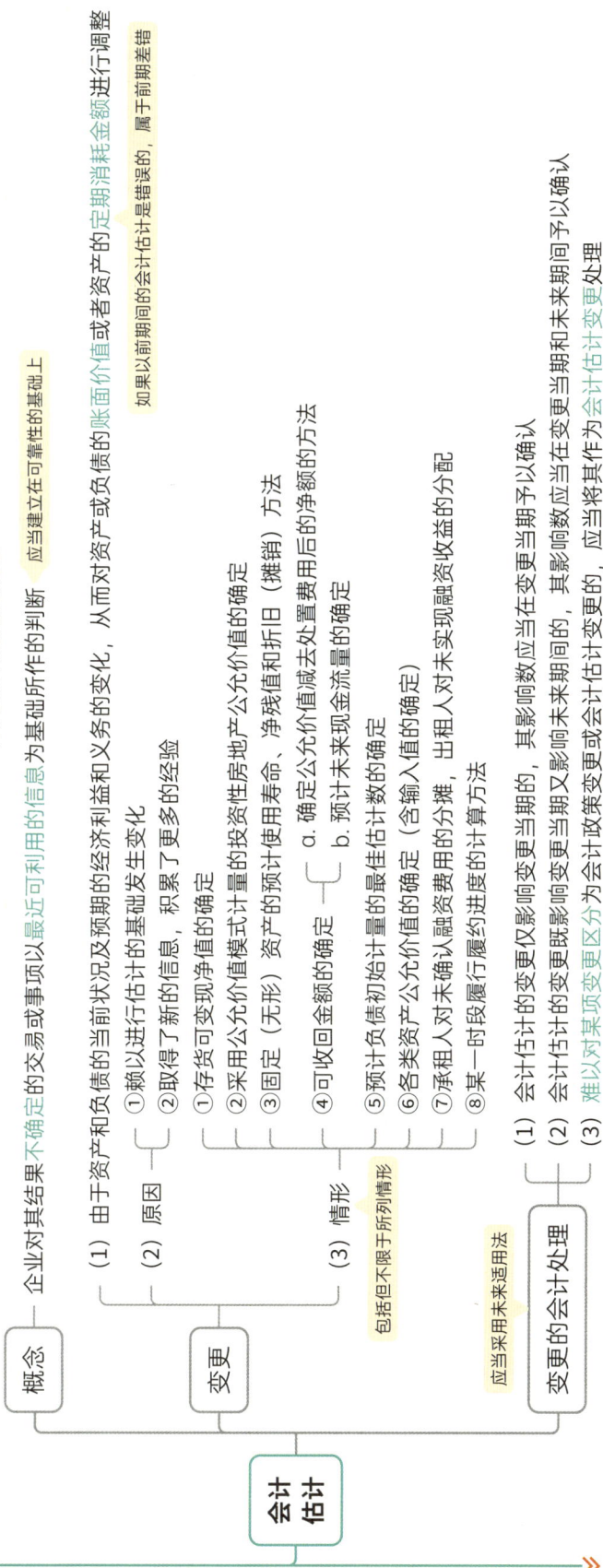

需在报表附注中披露对当期净利润的影响数

②未来适用法
- a. 不要求对以前的会计指标进行追溯调整，直接在现有金额的基础上按新的会计政策进行核算
- b. 在当期期初确定会计政策变更对以前各期累积影响数不切实可行的，应当采用未来适用法处理

会计估计

概念

企业对其结果不确定的交易或事项以最近可利用的信息为基础所作的判断（应当建立在可靠性的基础上）

变更

（1）由于资产和负债的当前状况及预期的经济利益和义务的变化，从而对资产或负债的账面价值或者资产的定期消耗金额进行调整

如果以前期间的会计估计是错误的，属于前期差错

（2）原因
- ①赖以进行估计的基础发生变化
- ②取得了新的信息，积累了更多的经验

（3）情形（包括但不限于所列情形）
- ①存货可变现净值的确定
- ②采用公允价值模式计量的投资性房地产公允价值的确定
- ③固定（无形）资产的预计使用寿命、净残值和折旧（摊销）方法
- ④可收回金额的确定
  - a. 确定公允价值减去处置费用后的净额的方法
  - b. 预计未来现金流量的确定
- ⑤预计负债初始计量的最佳估计数的确定
- ⑥各类资产公允价值的确定（含输入值的确定）
- ⑦承租人对未确认融资费用的分摊，出租人对未实现融资收益的分配
- ⑧某一时段履行履约进度的计算方法

变更的会计处理

应当采用未来适用法

（1）会计估计的变更仅影响变更当期的，其影响数应当在变更当期予以确认

（2）会计估计的变更既影响变更当期又影响未来期间的，其影响数应当在变更当期和未来期间予以确认

（3）难以对某项变更区分为会计政策变更或会计估计变更的，应当将其作为会计估计变更处理

笔记区

会计政策、会计估计变更和差错更正

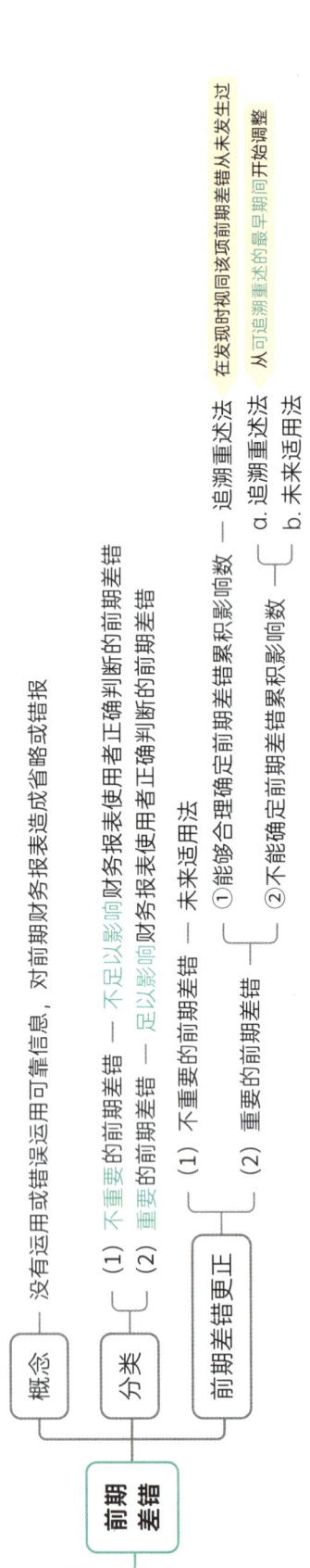

- **会计政策变更和会计估计变更的划分基础**
  - 以会计确认是否发生变更作为判断基础 — 一般对会计确认的指定或选择是会计政策，其相应的变更是会计政策变更。会计确认、计量的变更一般会引起列报项目的变更
  - 以计量基础是否发生变更作为判断基础 — 一般对计量基础的指定或选择是会计政策，其相应的变更是会计政策变更
    - 计量属性包括历史成本、重置成本、可变现净值、现值和公允价值，是会计的计量基础
  - 以列报项目是否发生变更作为判断基础 — 一般对列报项目的指定或选择是会计政策，其相应的变更是会计政策变更
  - 根据会计确认、计量基础和列报项目所选择的、为取得与该项目有关的金额或数值所采用的处理方法，不是会计政策，而是会计估计，其相应的变更是会计估计变更
- **前期差错**
  - 概念 — 没有运用或错误运用可靠信息，对前期财务报表造成省略或错报
  - 分类
    - (1) 不重要的前期差错 — 不足以影响财务报表使用者正确判断的前期差错
    - (2) 重要的前期差错 — 足以影响财务报表使用者正确判断的前期差错
  - 前期差错更正
    - (1) 不重要的前期差错 — 未来适用法
    - (2) 重要的前期差错
      - ①能够合理确定前期差错累积影响数 — 追溯重述法（在发现时视同该项前期差错从未发生过）
      - ②不能确定前期差错累积影响数
        - a. 追溯重述法（从可追溯重述的最早期间开始调整）
        - b. 未来适用法

笔记区

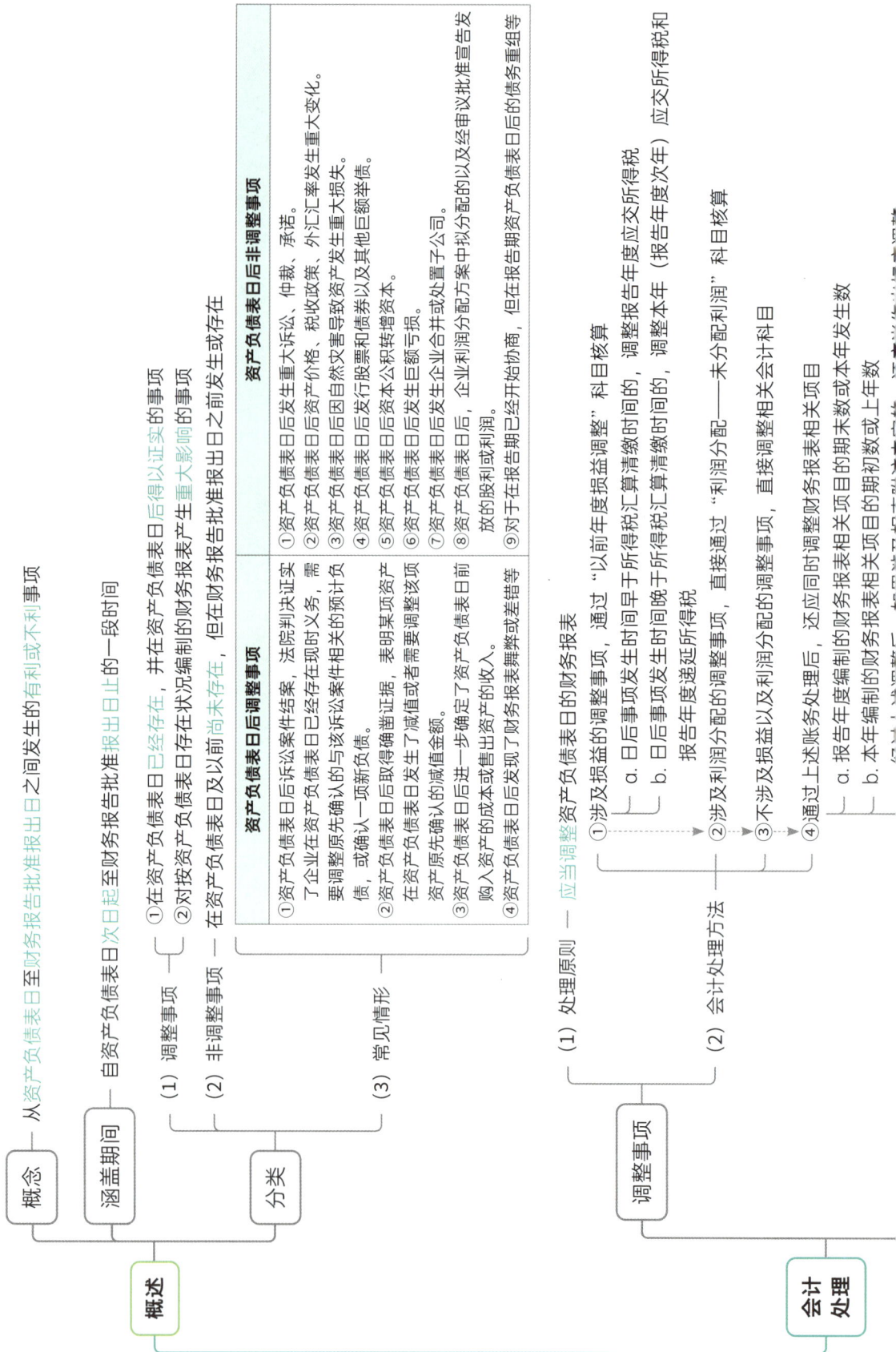

第二十三章 资产负债表日后事项 （考12分）

资产负债表日后事项

概述

- **概念** — 从资产负债表日至财务报告批准报出日之间发生的有利或不利事项
- **涵盖期间** — 自资产负债表日次日起至财务报告批准报出日止的一段时间
- **分类**
  - （1）调整事项
    - ①在资产负债表日已经存在，并在资产负债表日后得以证实的事项
    - ②对按资产负债表日存在状况编制的财务报表产生重大影响的事项
  - （2）非调整事项 — 在资产负债表日及以前尚未存在，但在财务报告批准报出日之前发生或存在
  - （3）常见情形

资产负债表日后调整事项	资产负债表日后非调整事项
①资产负债表日后诉讼案件结案，法院判决证实了企业在资产负债表日已经存在现时义务，需要调整原先确认的与该诉讼案件相关的预计负债，或确认一项新负债。 ②资产负债表日后取得确凿证据，表明某项资产在资产负债表日发生了减值或者需要调整该项资产原先确认的减值金额。 ③资产负债表日后进一步确定了资产负债表日前购入资产的成本或售出资产的收入。 ④资产负债表日后发现了财务报表舞弊或差错等	①资产负债表日后发生重大诉讼、仲裁、承诺。 ②资产负债表日后资产价格、税收政策、外汇汇率发生重大变化。 ③资产负债表日后因自然灾害导致资产发生重大损失。 ④资产负债表日后发行股票和债券以及其他巨额举债。 ⑤资产负债表日后资本公积转增资本。 ⑥资产负债表日后发生巨额亏损。 ⑦资产负债表日后发生企业合并或处置子公司。 ⑧资产负债表日后，企业利润分配方案中拟分配的以及经审议批准宣告发放的股利或利润。 ⑨对于在报告期已经开始协商，但在报告期资产负债表日后的债务重组等

会计处理

- **调整事项**
  - （1）处理原则 — 应当调整资产负债表日的财务报表
  - （2）会计处理方法
    - ①涉及损益的调整事项，通过“以前年度损益调整”科目核算
      - a. 日后事项发生时间早于所得税汇算清缴时间的，调整报告年度应交所得税
      - b. 日后事项发生时间晚于所得税汇算清缴时间的，调整本年（报告年度次年）应交所得税和报告年度递延所得税
    - ②涉及利润分配的调整事项，直接通过“利润分配——未分配利润”科目核算
    - ③不涉及损益以及利润分配的调整事项，直接调整相关会计科目
    - ④通过上述账务处理后，还应同时调整财务报表相关项目
      - a. 报告年度编制的财务报表相关项目的期末数或本年发生数
      - b. 本年编制的财务报表相关项目的期初数或上年数

- 非调整事项
  - (2) 会计处理方法
    - ①未来适用法
    - ②披露重要的非调整事项
      - a. 披露事项的性质及内容
      - b. 披露事项对财务状况和经营成果的影响 无法估计的，说明原因

笔记区

第二十四章 政府会计

（考2分）

政府会计

概述

核算模式

- （1）双功能 — 政府会计应当实现预算会计和财务会计双重功能
- （2）双基础
  - ①预算会计 — 实行收付实现制
  - ②财务会计 — 实行权责发生制

  对于纳入部门预算管理的现金收支业务，采用双基础核算；对于其他业务，仅进行财务会计核算
- （3）双报告
  - ①决算报告 — 以收付实现制为基础
  - ②财务报告 — 以权责发生制为基础

会计要素及其确认和计量

项目	预算会计	财务会计
会计要素	预算收入、预算支出、预算结余	资产、负债、净资产、收入、费用
会计等式	预算收入 − 预算支出 = 预算结余	资产 − 负债 = 净资产 收入 − 费用 = 本期盈余
会计基础	收付实现制	权责发生制
会计报告	政府决算报告	政府财务报告

政府决算报告和财务报告

- （1）决算报告
  - ①预算收入支出表
  - ②预算结转结余变动表
  - ③财政拨款预算收入支出表
- （2）财务报告
  - ①资产负债表
  - ②收入费用表
  - ③净资产变动表
  - ④现金流量表（选择编制）

（1）财政直接支付业务

情形	会计分录	
收到“财政直接支付入账通知书”时	预算会计	借：行政支出、事业支出等 贷：财政拨款预算收入
	财务会计	借：库存物品等 贷：财政拨款收入
年末	预算会计	借：资金结存——财政应返还额度 贷：财政拨款预算收入
	财务会计	借：财政应返还额度 贷：财政拨款收入

特定业务核算

财政拨款收支业务

情形	会计分录	
下年度实际支出时	预算会计	借：行政支出、事业支出等 贷：资金结存——财政应返还额度
	财务会计	借：库存物品等 贷：财政应返还额度

（2）财政授权支付业务

情形	会计分录	
收到“授权支付到账通知书”时	预算会计	借：资金结存——零余额账户用款额度 贷：财政拨款预算收入
	财务会计	借：零余额账户用款额度 贷：财政拨款收入
按规定支用额度时	预算会计	借：行政支出、事业支出等 贷：资金结存——零余额账户用款额度
	财务会计	借：库存物品等 贷：零余额账户用款额度
年末注销时	预算会计	借：资金结存——财政应返还额度 贷：资金结存——零余额账户用款额度
	财务会计	借：财政应返还额度 贷：零余额账户用款额度
下年年初恢复额度时	预算会计	借：资金结存——零余额账户用款额度 贷：资金结存——财政应返还额度
	财务会计	借：零余额账户用款额度 贷：财政应返还额度——财政授权支付
年末预算指标数大于下达数时	预算会计	借：资金结存——财政应返还额度 贷：财政拨款预算收入
	财务会计	借：财政应返还额度 贷：财政拨款收入
下年度收到批复的末下达额度时	预算会计	借：资金结存——零余额账户用款额度 贷：资金结存——财政应返还额度
	财务会计	借：零余额账户用款额度 贷：财政应返还额度

政府会计

特定业务核算

非财政拨款收支业务

（1）事业（预算）收入

①

管理 / 确认方式		财务会计	预算会计
财政专户返还方式	实现事业收入时	借：银行存款、应收账款等 贷：应缴财政款	—
	上缴款项时	借：应缴财政款 贷：银行存款等	—
	收到返还的事业收入时	借：银行存款等 贷：事业收入	借：资金结存——货币资金 贷：事业预算收入
预收款方式	实际收到预收款项时	借：银行存款等 贷：预收账款	借：资金结存——货币资金 贷：事业预算收入
	以合同完成进度确认事业收入时	借：预收账款 贷：事业收入	—
应收款方式	根据合同完成进度计算本期应收的款项时	借：应收账款 贷：事业收入	—
	实际收到款项时	借：银行存款 贷：应收账款	借：资金结存——货币资金 贷：事业预算收入
其他方式		借：银行存款、库存现金等 贷：事业收入	借：资金结存——货币资金 贷：事业预算收入

②涉及增值税
- a. 事业收入 = 实际收到的金额 – 增值税销项税额
- b. 事业预算收入 = 实际收到的金额

（2）捐赠（预算）收入和支出

项目		财务会计	预算会计
捐赠收入	接受货币资金捐赠	借：银行存款、库存现金等 贷：捐赠收入	借：资金结存——货币资金 贷：其他预算收入——捐赠预算收入
	接受非现金资产捐赠	借：库存物品、固定资产等 贷：银行存款（相关税费等） 捐赠收入	借：其他支出（相关税费等） 贷：资金结存——货币资金
捐赠支出	对外捐赠现金资产	借：其他费用 贷：银行存款等	借：其他支出 贷：资金结存——货币资金
	对外捐赠非现金资产	将资产的账面价值转入“资产处置费用”	如未支付相关费用，则不作账务处理

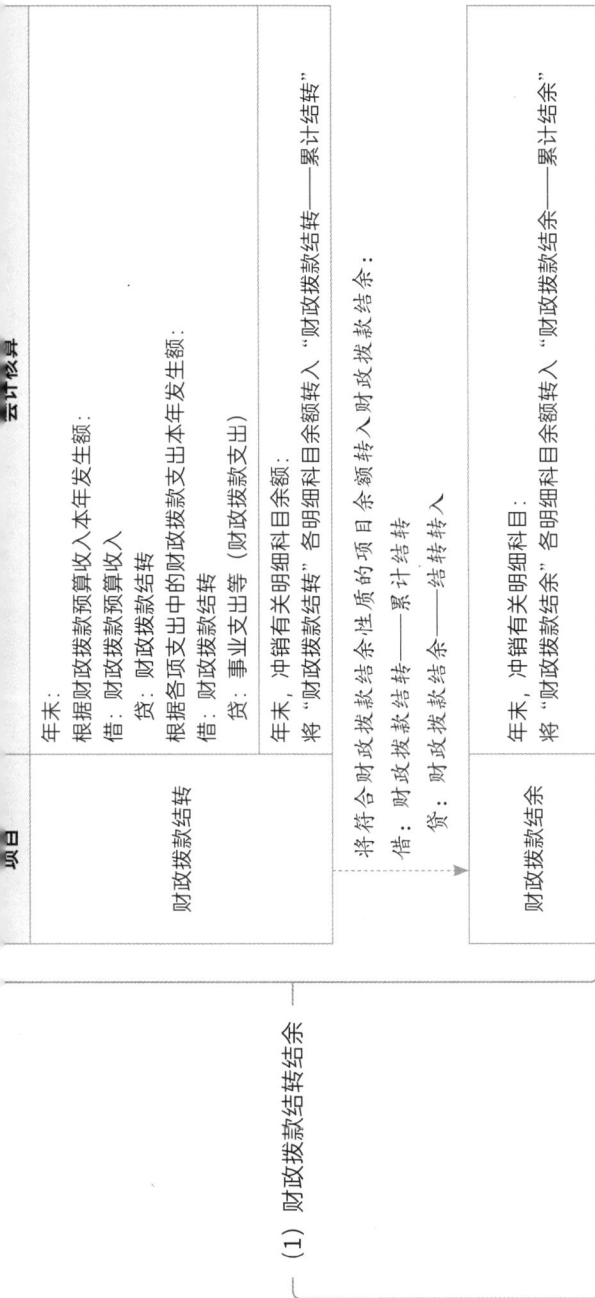

预算结转结余及分配业务

(1) 财政拨款结转结余

项目	会计核算
财政拨款结转	年末： 根据财政拨款预算收入本年发生额： 借：财政拨款预算收入 　贷：财政拨款结转 根据各项支出中的财政拨款支出本年发生额： 借：财政拨款结转 　贷：事业支出等（财政拨款支出）
	年末，冲销有关明细科目余额： 将"财政拨款结转"各明细科目余额转入"财政拨款结转——累计结转"

将符合财政拨款结余性质的项目余额转入财政拨款结余：

借：财政拨款结转——累计结转

　贷：财政拨款结余——结转转入

财政拨款结余	年末，冲销有关明细科目： 将"财政拨款结余"各明细科目余额转入"财政拨款结余——累计结余"

(2) 非财政拨款结转结余

项目	会计核算
非财政拨款结转	年末，将有关收支明细科目结转至"非财政拨款结转"科目
	按照规定缴回资金，在预算会计中： 借：非财政拨款结转——缴回资金 　贷：资金结存——货币资金 同时，在财务会计中： 借：累计盈余 　贷：银行存款
	年末，冲销有关明细科目余额： 将"非财政拨款结转"各明细科目余额转入"非财政拨款结转——累计结转"

将留归本单位使用的非财政拨款专项（项目已完成）剩余资金转入非财政拨款结余：

借：非财政拨款结转——累计结转

　贷：非财政拨款结余——结转转入

政府会计

特定业务核算

预算结转结余及分配业务

(2) 非财政拨款结转结余

续表

项目	会计核算
非财政拨款结余	事业单位实际缴纳企业所得税时，在预算会计中： 借：非财政拨款结余——累计结余 　贷：资金结存——货币资金 同时，在财务会计中： 借：其他应交税费——单位应交所得税 　贷：银行存款等
	年末，冲销有关明细科目余额： 将“非财政拨款结余”各明细科目余额转入“非财政拨款结余——累计结余”
	年末，事业单位将“非财政拨款结余分配”科目余额转入非财政拨款结余： 借或贷：非财政拨款结余——累计结余 　贷或借：非财政拨款结余分配
专用结余	根据规定从本年度非财政拨款结余或经营结余中提取专用基金： 借：非财政拨款结余分配 　贷：专用结余 使用专用基金时： 借：专用结余 　贷：资金结存——货币资金
经营结余	期末，事业单位应当结转本期经营收支： 借：经营预算收入 　贷：经营结余 根据经营支出本期发生额： 借：经营结余 　贷：经营支出
	年末，如“经营结余”科目为贷方余额，则： 借：经营结余 　贷：非财政拨款结余分配 如为借方余额，即为经营亏损，不予结转
其他结余	年末，行政单位将本科目余额转入“非财政拨款结余——累计结余”科目；事业单位将本科目余额转入“非财政拨款结余分配”科目
非财政拨款结余分配	年末，将“其他结余”科目余额和“经营结余”科目贷方余额转入“非财政拨款结余分配”
	根据有关规定提取专用基金： 借：非财政拨款结余分配 　贷：专用结余 同时，在财务会计中： 借：本年盈余分配 　贷：专用基金 然后，将“非财政拨款结余分配”科目余额转入“非财政拨款结余”

净资产业务

- (1) 本期盈余及本年盈余分配
  - ②年末，单位应当将“本期盈余”科目余额转入“本年盈余分配”科目
  - ③将“本年盈余分配”科目余额转入“累计盈余”科目
- (2) 专用基金 — 事业单位提取专用基金，应在财务会计中的“专用基金”科目核算，还应在预算会计中的“专用结余”科目核算
- (3) 无偿调拨净资产
  - ①无偿调拨非现金资产通常不涉及资金业务，故不进行预算会计核算（除非以现金支付相关费用）
  - ②年末，单位应将“无偿调拨净资产”科目余额转入“累计盈余”科目
- (4) 权益法调整 — 按照被投资单位除净损益和利润分配外的所有者权益变动份额，调整长期股权投资账面余额计入净资产的金额
- (5) 以前年度盈余调整 — 本年度发生的调整以前年度盈余的事项
- (6) 累计盈余
  - ①将“本年盈余分配”科目的余额转入“累计盈余”科目
  - ②将“无偿调拨净资产”科目余额转入“累计盈余”科目

资产业务

(1) 长期股权投资

项目	预算会计	财务会计
以现金取得的长期股权投资时	借：投资支出 贷：资金结存——货币资金	借：长期股权投资 应收股利 贷：银行存款
收到已宣告但尚未发放的现金股利时	借：资金结存——货币资金 贷：投资支出等	借：银行存款 贷：应收股利
以现金以外方式取得长期股权投资时	借：其他支出 贷：资金结存——货币资金	借：长期股权投资 银行存款（收到的补价） 应收股利 固定资产累计折旧 资产处置费用（借方差额） 贷：固定资产 银行存款、其他应交税费等（实际支出的相关税费支出） 银行存款（支付的补价） 其他收入（贷方差额）
采用成本法核算时	实际收到时： 借：资金结存——货币资金 贷：投资预算收益	被投资单位宣告发放现金股利或利润时： 借：应收股利 贷：投资收益 实际收到时： 借：银行存款等 贷：应收股利

政府会计

特定业务核算

资产业务

（1）长期股权投资

续表

项目	预算会计	财务会计
采用权益法核算时	收到现金股利或利润时： 借：资金结存——货币资金 　贷：投资预算收益	被投资单位实现净损益时： 借或贷：长期股权投资——损益调整 　贷或借：投资收益 被投资单位宣告分派现金股利或利润时： 借：应收股利 　贷：长期股权投资——损益调整 收到现金股利或利润时： 借：银行存款 　贷：应收股利 被投资单位发生除净损益和利润分配以外的所有者权益变动时： 借或贷：长期股权投资——其他权益变动 　贷或借：权益法调整 处置长期股权投资时： 借或贷：权益法调整 　贷或借：投资收益

（2）公共基础设施

项目	预算会计	财务会计
取得时	借：行政支出、事业支出等 　贷：资金结存等	借：公共基础设施 　贷：银行存款等
计提折旧（摊销）时	—	借：业务活动费用 　贷：公共基础设施累计折旧（摊销）
处置时	—	借：资产处置费用、无偿调拨净资产等 　　公共基础设施累计折旧（摊销） 　贷：公共基础设施

（3）文物资源——文物资源不计提折旧 新

（1）应缴财政款

不进行预算会计处理

①取得或应收按照规定应缴财政的款项时
- 借：银行存款、应收账款等
- 　贷：应缴财政款

②上缴应缴财政的款项时
- 借：应缴财政款
- 　贷：银行存款

- 负债业务
  - （2）应付职工薪酬（事业单位）
    - ①计算应付职工薪酬时
      - 借：业务活动费用
      - 　贷：应付职工薪酬
    - ②代扣个人所得税时
      - 借：应付职工薪酬
      - 　贷：其他应交税费——应交个人所得税
    - ③实际支付职工薪酬
      - a. 财务会计
        - 借：应付职工薪酬
        - 　贷：零余额账户用款额度
      - b. 预算会计
        - 借：事业支出
        - 　贷：资金结存——零余额账户用款额度
    - ④上缴代扣的个人所得税时
      - a. 财务会计
        - 借：其他应交税费——应交个人所得税
        - 　贷：零余额账户用款额度
      - b. 预算会计
        - 借：事业支出
        - 　贷：资金结存——零余额账户用款额度
  - （3）借款

项目	预算会计	财务会计
取得借款时	借：资金结存——货币资金 贷：债务预算收入	借：银行存款 贷：短期借款、长期借款——本金
计提借款利息时	—	借：其他费用 贷：应付利息（分期付息） 长期借款——应计利息（到期一次还本付息）
实际支付利息时	借：其他支出 贷：资金结存——货币资金	借：应付利息（分期付息） 贷：银行存款
偿还借款时	借：债务还本支出（本金） 其他支出（利息） 贷：资金结存——货币资金	借：短期借款 长期借款——本金 ——应计利息 贷：银行存款

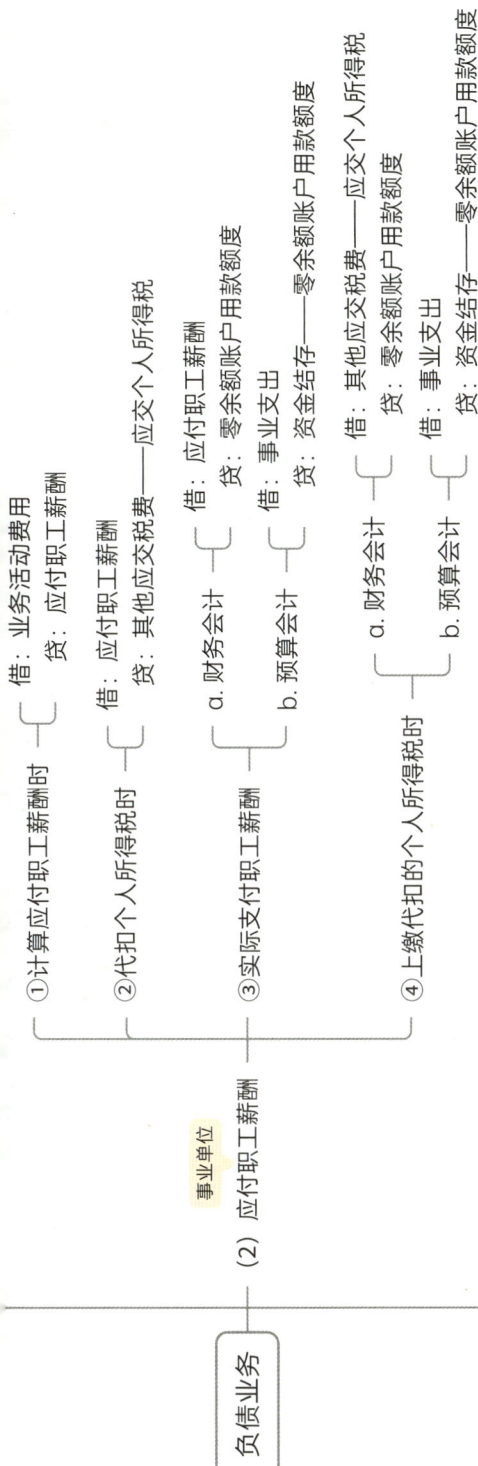

- 部门（单位）合并财务报表
  - 至少包括合并资产负债表、合并收入费用表和附注

笔记区

第二十五章 民间非营利组织会计

（考2分）

民间非营利组织会计

概述

特征（新）

（1）为公益目的或者其他非营利目的成立

（2）资源提供者向该组织投入资源不取得经济回报

（3）资源提供者对该组织的财产不保留或享有任何财产权利

会计要素

项目	反映财务状况的会计要素	反映业务成果的会计要素
会计要素	资产、负债、净资产	收入、费用
会计等式	资产 − 负债 = 净资产	收入 − 费用 = 净资产变动额

特定业务的核算

受托代理业务

（1）民间非营利组织从委托方收到受托资产，并按照委托人的意愿将资产转赠给指定的其他组织或者个人

（2）收到受托代理资产时
- 借：受托代理资产、银行存款等
- 贷：受托代理负债

（3）转赠或转出受托代理资产时
- 借：受托代理负债
- 贷：受托代理资产、银行存款等

捐赠收入

（1）捐赠人自愿将现金或其他资产无偿转让给受赠人，或无偿清偿、取消该受赠人的负债

（2）接受捐赠时
- 借：银行存款等
- 贷：捐赠收入——限定性收入（有限定用途）
- 捐赠收入——非限定性收入（无限定用途）

（3）存在需要偿还的现时义务时
- 借：管理费用
- 贷：其他应付款等

（4）限制在当期解除时
- 借：捐赠收入——限定性收入
- 贷：捐赠收入——非限定性收入

（5）期末
- 借：捐赠收入——限定性收入
- 贷：限定性净资产
- 借：捐赠收入——非限定性收入
- 贷：非限定性净资产

业务活动成本

（1）民间非营利组织为了实现其业务活动目标、开展某项活动或者提供服务所发生的费用

（2）发生业务活动成本时
- 借：业务活动成本
- 贷：银行存款等

（3）期末结转时
- 借：非限定性净资产 / 限定性净资产

应当按照是否存在限定，结转至“非限定性净资产”科目

净资产

（1）按照是否受到限制，民间非营利组织的净资产分为限定性净资产和非限定性净资产

（2）期末结转限定性收入和成本费用时

借：捐赠收入——限定性收入
　　政府补助收入——限定性收入等
　贷：限定性净资产
借：限定性净资产
　贷：业务活动成本——限定性费用等

（3）期末结转非限定性收入和成本费用时

借：捐赠收入——非限定性收入
　　政府补助收入——非限定性收入
　　会费收入——非限定性收入
　　提供服务收入——非限定性收入等
　贷：非限定性净资产
借：非限定性净资产
　贷：业务活动成本——非限定性费用 新
　　　管理费用——非限定性费用
　　　其他费用——非限定性费用

（4）重分类

借：限定性净资产
　贷：非限定性净资产

笔记区